도 에　들 기 는　쉽 지 만
버 리 지 않 으 면　미 혹 에　빠 진 다

대혜종고 선사의 『서장』을
모티브로 하여 수행과 깨달
음의 실체를 밝히다!

도에
들기는 쉽지만
버리지 않으면
미혹에 빠진다

| 혜원 편저 · 송월 그림 |

운주사

들어가는 말

그대는 이 책을 손에 쥔 순간 세 가지 이로움을 얻게 될 것이다.
첫째, 도道에 이르게 되는 길을 인도받을 것이다.
둘째, 도道를 이루고 나서 다시 중생세계인 오욕락에 떨어지지 않을 것이다.
셋째, 자유롭지 못한 생각을 스스로 다스릴 수 있는 지관止觀의 경지에 이르게 될 것이다.

소승은 수행 가운데 여러 가지 현상이 일어났는데,
불편한 감정이 생길 때는 경전을 독송하였으며
그 가운데 환희심이 일어나 마음의 고요함을 얻었고,

목탁을 치며 정근을 하다보면 소리는 들리지만 무게감이 사라지고
기도를 마치고 나면 정신과 몸이 맑아진 것을 느꼈으며,

밤 11시부터 새벽 5시까지 21일 화엄기도 정진 중
손에 뜨거운 열이 생겨서
타인의 아픈 곳과 불편한 곳에 손을 대면 진정 또는 소멸되었으며,

행주좌와 가운데 어느 날 낙엽을 밟으며 걷다가

바스락 소리와 마음이 계합되는 순간
산천초목이 황금빛으로 보이고 동시에 환희심이 생겼으며
이후에 한문경전의 뜻풀이가 내 의지와 무관하게 보여주기에
흘러가는 대로 글을 쓰게 되었으며,

불보살님의 존상을 승용차로 옮기려 했지만 여의치 못하여
덮개 위에 모시고 바닥에 무릎 대고 깊은 참회 후
승용차에 들어가는 신통한 일이 생겼으며,

전국 만행을 하기 전에 결심하기를
얻어먹고 노천에 지새우며 과거부터 현재까지 신구의로 지은
허물을 소멸하겠다는 다짐을 하였다.
그리고 얻어먹지 못하면 상대에게 과거에 베풂이 없었던 것이기에
절 삼배하며 참회하고,
베풂을 받으면 과거에 베풂이 있었기에 합장 감사를 표하였다.

우리 근본은 이미 도道가 이루어져 있기에 성인이다.
도는 원래 허공처럼 비었기에 함이 없는 고요한 상태이지만
내 생각을 부여하면 도에서 멀어져 차별되게 세상을 보게 된다.

과거부터 지금까지 차별되게 지내오다가
정신과 몸에 시련이 생기니 잠깐 생각을 내려놓고
순수한 마음이 되어 도에 들어간다.

그러다가 조금 마음이 편해지면 과거 습의 힘으로
또 차별에 떨어지는 이런 과정을 반복하다가 크게 생각이 쉬어지면
불편한 감정이 스스로 고요하게 되고, 막혔던 일이 풀리기도 하고,
진리의 말씀을 듣거나 보면 기쁨이 생기니,
이때가 되어야 공부 시작점이 되는데 더욱 겸손한 마음과
초발심으로 이 몸이 허물어질 때까지 정진해야 하지만
스스로 무엇을 이루었다고 여기고 자유분방한 생활을 한다.
점점 미혹의 찌꺼기가 쌓여서 존경받던 사람들이
인연이 되어갈 때 정신적으로 앞뒤 분간을 못하고 돌아간다.

소승도 어느 스승을 의지하던 중 오욕락에 떨어지는 것을 보고
몇 개월 고뇌하면서 대혜종고선사『서장』을 통하여 익혀 가던 중
아, 이럴 수가! 스승들이 도道를 이루고 나서도
다시 중생심인 오욕락에 빠지는 이유를 알게 되는 순간
수개월 동안에 고뇌하고 답답해하던 의심이 풀리면서
환희가 생기고 감정은 고요하게 되었다.

1. 우리들 마음의 모습

1) 마음의 생김새

몸의 주인은 마음이고,
몸은 잠시 우주에 머무는 손님이며,
과거 생각이 만든 업 덩어리이다.
마음이 머무는 곳은 우주이다.

①눈, 귀, 코, 혀, 몸 ——— 5식
세상을 연결하는 뿌리

②의식(알다) ——— 6식
8식에 종자를 만든다.
8식에 기억된 과거종자만 안다.
9식에 기억된 과거 습관적 종자가 동시에 일어난다.
지금 일어나는 종자는 과거에 내가 만든 흔적이다.
지금 그대로 아는 순간은 마음이고 부처이고 깨달음이다.

③차별식(좋고 싫은 표현) ──── 7식

9식에 종자를 기억시킨다.

욕구와 애착으로 괴로움이 생긴다.

종자만큼 미래에 과보를 주게 된다.

상상하여 새로운 기준과 법을 세운다.

생각이고 중생이고 어리석음이다.

④종자식 ──── 8식

6식의 아는 것 모두가 기억된다.

과거 몸과 입과 뜻으로 기억된 만큼 미래에 보여준다.

⑤청정식 ──── 9식

7식의 분별함으로 종자가 기억된다.

종자가 소멸되는 만큼 고요하고 자유롭다.

종자가 쌓이는 만큼 몸과 정신적으로 괴롭다.

9식이 비고 청정한 만큼 지혜의 빛으로 작용한다.

2) 마음과 생각의 차이

마음과 생각이 둘이 되면 중생이 되고
마음과 생각이 하나 되면 부처가 된다.

생활 속에서 마음과 생각을 하나로 만드는 방법

밖으로 대상을 보니 한 생각이 일어난다.
이때 화, 짜증, 미움 등등의 감정이 생기니 대상에게 표현한다.
모든 것이 시끄럽고 자기 기준의 법을 세우니 괴로움이 생긴다.
마음과 생각이 둘이 되므로 중생이 된다.
감정이 생길 때 '과거 내가 만든 종자가 아직 남아 있구나!'
"불보살님 잘못했습니다"라고 참회한다면
일어난 감정이 소멸되었기에
마음과 생각이 하나가 되어 고요하고 행복하니 이 순간 부처가 된다.
이런 방법으로 만사를 내 허물로 보고 참회한다면
어느 날 완전한 부처가 되리라.

눈 감고 고요하게 있는데

대상이 떠오르고 동시에 화, 짜증, 미움 등등의 감정이 생긴다.

이때 혼잣말로 '어찌 그래, 두고 보자' 등등을 상상한다면

마음과 생각이 둘이 되므로 중생이 된다.

대상이 떠오르고 동시에 화, 짜증, 미움 등등의 감정이 생길 때

'아하! 아직도 과거에 내가 만든 허물이 일어나는구나!'

"불보살님 잘못했습니다" 하고 참회한다면

이때 정신이 맑아지고 행복하니

마음과 생각이 하나가 되고 일시적 부처가 된다.

이런 방법으로 만사를 참회하여 닦아 마음과 생각이 하나가 된다면

어느 날 완전한 부처가 되리라.

3) 마음 닦는 이의 자세

① 의심하여 차별하지 말라.
② 깨달아야지 하지 말라.
③ 일어나는 번뇌를 피하지 말라.
④ 경계는 내 모습으로 보아라.
⑤ 기준의 법을 만들지 말라.
⑥ 내가 없는 이치를 증득하라.
⑦ 이루었다 자만하지 말라.
⑧ 무심이 안 되면 참회하라.
⑨ 모든 만물에 감사함을 가져라.
⑩ 내 흔적을 남기지 말라.

2. 도에 들어가는 수행

1) 증시랑이 대혜 스님께 보내온 편지

開가 頃在長沙하야 得圜悟老師書호니

稱公호대 晩歲相從이나

所得이 甚是奇偉라하야늘

念之再三이 今八年矣로대

常恨未獲親聞緒餘*하야 惟切景仰하노이다.

제(증시랑)가 과거 장사지역에 있을 때 원오노사의 편지를 받았습
니다.

공(대혜 스님)을 칭찬하시기를, 늦은 나이에 서로 만났으나

얻은 바가 심히 기이奇異하고 대단하다고 하였습니다.

생각을 두 번 세 번 한 것이 이미 8년이 되었고,

항상 대면對面하여 법문法問을 듣지 못한 것을

한탄하면서 오직 간절히 우러러 사모합니다.

*서여緒餘:

　　대혜 스님을 직접 대면하여 듣는 법문을 말함.

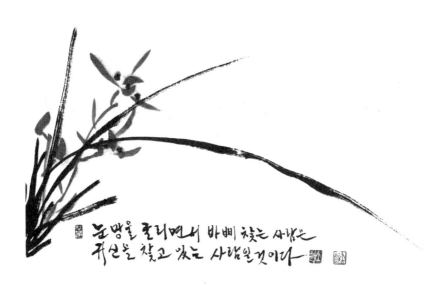

눈망울 굴리면서 바삐 찾는 사람은
귀신을 찾고 있는 사람일것이다

某自幼年으로 發心하야
參禮知識하야 扣聞此事러니
弱冠之後에 卽爲婚宦所役의
用工夫不純하야
因循*至今老矣로대
未有所聞하야 常自愧歎하노이다.
然而立志發願은
實不在淺淺知見之間이라.

제가 스스로 어린 나이로 발심發心하여 선지식을 참배參拜하고
이 일(도 깨치는 공부)에 대해 간절히 물었습니다.
어린 나이 지나서 곧 혼인婚姻하고 벼슬의 부려지는 바가 되어
도道 닦는 공부가 순일純一하지 못하고,
그럭저럭 지금 늙음에 이르렀습니다.
아직 들은 바가 없어서* 항상 스스로 부끄럽게 탄식歎息하노이다.
그러나 뜻을 세우고 원願을 발發한 것은
진실로 얕고 얕은 견해見解 사이에 있지 않습니다.

*인순因循:

　좇아서 노력하지 않고 지내는 모습. '그럭저럭'으로 표현

*아직 들은 바가 없어서:

　큰 깨달음을 이루지 못하여.

以爲不悟則已어니와

悟則須直到

古人親證處하야사

方爲大休歇之地일가하노이다.

此心은 雖未嘗一念退屈이나

自覺工夫終未純一하니

可謂志願大而力量小也로소이다.

생각해보니 깨닫지 못한즉 그만이지만,

깨닫고자 한즉 모름지기 바로

고인古人이 친히 증득證得한 곳에 이르러야*

비로소 크게 쉬고 쉬는 경지境地라 여깁니다.

이 마음은 비록 일찍이 한 생각도 물러나고 굽히지 않았으나,

스스로 생각하여 공부를 점검點檢하지만 순수하지 못하니,

말하자면 뜻과 원願은 크나 수행력은 미약*합니다.

*고인古人이 친히 증득한 곳에 이르러야:

　부처님과 조사들께서 스스로 얻은 깨달음에 나도 이르러야.

*뜻과 원은 크나 수행력은 미약:

　생각으로 날마다 떠오르나, 몸소 행동으로 닦음이 부족하다.

向者에 痛懇圜悟老師호니

老師示以法語六段하사대

其初는 直示此事하시고

後擧雲門趙州放下着 須彌山

兩則因緣하사

令下鈍工하사대

과거에 아주 간절하게 원오노사圜悟老師께서 법의 말씀

6가지(현중현玄中玄과 구중현究中玄)를 보이셨습니다.

처음에는 바로 도에 들어감(일대사일)을 보이시고

후에는 운문 스님과 조주 스님*

두 분 인연을 들어서

둔鈍한 공부를 내리게 하였습니다.

*현중현玄中玄:

　격선상擊禪床, 거불자擧拂子, 봉棒, 활喝 등 4개.

*구중현究中玄:

　수미산須彌山, 방하착放下着의 2개.

*운문 스님의 일화

　어떤 스님이 운문에게 묻기를 "한 생각 일으키지 않았는데, 허물이 있습니까?"라고 하였다. 허물이 수미산須彌山이다.

*조주 스님의 일화

　어느 스님이 조주에게 물었다. "한 물건도 가져오지 않았는데 어떠합니까?" "놓아라." "가져오지 않았는데 무엇을 놓습니까?" "도로 메고 가거라!"

常自擧覺하라 久久하면

必有入處라하신

老婆心切이 如此언만은

其奈鈍滯太甚이릿가

今幸私家에 塵緣을 都畢하고

閑居無他事하니

政在痛自鞭策하야 以償初志언만은

弟恨未得親炙敎誨耳이로소이다.

一生敗闕을 已一一呈似호니

必能洞照此心하시리니

望委曲提警하소서

항상 스스로 들고 느끼면서 오래 오래 하면,

반드시 깨달음의 처소에 이르게 될 것이라는

노파 마음 간절함이 이와 같건마는

그 둔鈍하고 막힘이 크게 심甚하니* 어찌 하오리까?

지금 다행히 사사로이 집안에 잡다한 인연을 모두 마치고

한가로이 다른 일없이 머물고 있으니

잘 스스로 아프게 매질하고, 처음 뜻을 두고 있건마는

다만 한스러운 것은 아직 친히 만나서 가르침을 얻지 못한 것입니다.

일생 허물을 이미 하나하나 드러냈으니

필히 이 마음을 밝게 하고 싶습니다.

바라옵건대 자세히 이끌어 주십시오.

*둔하고 막힘이 심하니:

　　아직도 생각에 갇혀, 수행을 하지만 답답함이 있습니다.

日用에 當如何做工夫하야사

庶幾不涉他塗하고

徑與本地로 相契也리닛고

如此說話도 敗闕이

亦不少언만은 但方投誠이라.

自難隱逃니

良可憫也라 至扣하노이다.

일상생활에서 항상 어떻게 공부를 해야

거의 다른 길을 밟지 않고*

바로 깨달음에 계합契合할 수 있습니까?

이와 같은 말도 허물이 또한 적지 않건마는*

다만 비로소 정성精誠을 바칩니다.

스스로 숨기고 도망하기 어려우니

진실로 연민憐愍한 사람*이니 지극히 묻습니다.

*다른 길을 밟지 않고:

　　진리의 말씀에 따라 공부했으나 이제 근본성품을 찾고 있습니다.

*말도 허물이 적지 않건마는:

　　바로 깨달음에 계합하고 싶다는 것도 생각인 줄 알지만, 지금에도
　　답답합니다.

*연민한 사람:

　　지극히 부족한 사람이니 솔직한 마음으로 도움을 청합니다.

증시랑이 대혜 스님께 보내온 편지

제(증시랑)가 과거 장사지역에 있을 때 원오노사의 편지를 받았습니다.

공(대혜 스님)을 칭찬하시기를, 늦은 나이에 서로 만났으나

얻은 바가 심히 기이奇異하고 대단하다고 하였습니다.

생각을 두 번, 세 번 한 것이 이미 8년이 되었고,

항상 대면對面하여 법문法問을 듣지 못한 것을

한탄恨歎하면서 오직 간절히 우러러 사모합니다.

제가 스스로 어린 나이로 발심發心하여 선지식을 참배參拜하고

이 일(도 깨치는 공부)에 대해 간절히 물었습니다.

어린 나이 지나서 곧 혼인婚姻하고 벼슬의 부려지는 바가 되어

도道 닦는 공부가 순일純一하지 못하고,

그럭저럭 지금 늙음에 이르렀습니다.

아직 들은 바가 없어서 항상 스스로 부끄럽게 탄식歎息하노이다.

그러나 뜻을 세우고 원願을 발發한 것은

진실로 얕고 얕은 견해見解 사이에 있지 않습니다.

생각해보니 깨닫지 못한즉 그만이지만,

깨닫고자 한즉 모름지기 바로

고인古人이 친히 증득證得한 곳에 이르러야

비로소 크게 쉬고 쉬는 경지境地라 여깁니다.

이 마음은 비록 일찍이 한 생각도 물러나고 굽히지 않았으나,

스스로 생각하여 공부를 점검點檢하지만 순수하지 못하니,

말하자면 뜻과 원願은 크나 수행력은 미약합니다.

과거에 아주 간절하게 원오노사圜悟老師께서 법의 말씀
6가지(현중현玄中玄 4개, 구중현究中玄 2개)를 보이셨습니다.
처음에는 바로 도에 들어감(일대사일)을 보이시고
후에는 운문 스님과 조주 스님
두 분 인연을 들어서
둔鈍한 공부를 내리게 하였습니다.
항상 스스로 들고 느끼면서 오래 오래하면,
반드시 깨달음의 처소에 이르게 될 것이라는
노파 마음 간절함이 이와 같건마는
그 둔鈍하고 막힘이 크게 심甚하니 어찌 하오리까?
지금 다행히 사사로이 집안에 잡다한 인연을 모두 마치고
한가로이 다른 일없이 머물고 있으니
잘 스스로 아프게 매질하고, 처음 뜻을 두고 있건마는
다만 한스러운 것은 아직 친히 만나서 가르침을 얻지 못했습니다.
일생 허물을 이미 하나하나 드러냈으니
필히 이 마음을 밝게 하고 싶습니다.
바라옵건대 자세히 이끌어 주십시오.
일상생활에서 항상 어떻게 공부를 해야
거의 다른 길을 밟지 않고
바로 깨달음에 계합契合할 수 있습니까?
이와 같은 말도 허물이 또한 적지 않건마는

다만 비로소 정성精誠을 바칩니다.

스스로 숨기고 도망하기 어려우니

진실로 연민憐愍한 사람이니 지극히 묻습니다.

2) 대혜 스님이 증시랑에게 답함 ①

承叙及호니 自幼年으로 至仕宦히

參禮諸大宗匠이라가

中間에 爲科擧婚宦의 所役하며

又爲惡覺惡習에 所勝하야

未能純一做工夫로 以此爲大罪라하며

又能痛念無常世間이

種種虛幻이라

無一可樂인달하야 專心欲究此一段大事因緣이라하니

甚愜病僧意로다.

편지를 받아 보니 스스로 어린 나이에 벼슬에 이르렀고

많은 큰 스승들 참배參拜하다가

중간에 과거科擧와 혼인婚姻과 벼슬을 하게 되었고,

또 잘못 알고 잘못 익힘에 수승함을 삼아*

아직 순일한 공부 짓지 못하므로 이것이 큰 죄라 하며,

또한 스쳐간 세간사世間事를 아프게 생각하고,

가지가지 공空하여 허깨비인 것을 알고

하나도 즐거움이 없어* 오로지 마음을 일대사인연(聖人됨)을

구한다고 하니 심甚히 병승(내 생각)의 뜻과 같음이로다.

*잘못 알고 잘못 익힘에 수승함을 삼아:

아직 바른 스승을 만나지 못하여 내 생각대로 하며 잘못인 줄 모르고 최고로 삼았는데, 이것저것 막히니 큰 죄가 있는 것으로 여긴다.

*하나도 즐거움이 없어:

생각으로 다가가나 어느 때는 즐겁고 어느 때는 괴로우니 도대체 알 수가 없구나. 이때가 공부할 시기이다.

然이나 旣爲士人이라 仰祿爲生이요

科擧婚宦도 世間에 所不能免者라.

亦非公之罪也어늘

以小罪로 而生大怖懼하니

非無始曠大劫來에

承事眞善知識하야

熏習般若種智之深이면 焉能如此리요

而公의 所謂大罪者는

聖賢도 亦不能免이니

但知虛幻이라

非究竟法인달하야

그러나 선비 된 사람이라 월급 받고 생활함이요,

과거와 혼인과 벼슬도 세간에서 면할 수 없는 것이며

또한 공(증시랑)의 죄가 아니거늘

작은 죄로 큰 공포와 두려움을 내니,*

과거 무수한 세월로부터 참된 선지식 받들어 모시고,

지혜 완성을 이루기 위해 수행하고

훈습함이 깊지 않았으면 어찌 능히 이와 같으리오.

공의 큰 죄罪라고 말하는 것은

성인과 현인도 또한 면할 수 없으니,*

다만 세간 법은 허환虛幻하여*

완전한 법法이 아님을 알아야* 합니다.

34

*작은 죄로 큰 공포와 두려움을 내니:

　일상생활에서 일어나는 일 때문에 깨달음에 나아가는 데 장애되었

　으니 이것을 어떻게 합니까? 공포와 두려움을 내는 마음.

*면할 수 없으니:

　성인도 현인도 한때 어리석은 마음이 일어나 괴로워했던 시기가

　있었다.

*세간 법은 허환하여:

　인연으로 잠시 보이기는 하지만, 인연이 끝나면 사라지는 허깨비

　이다.

*법이 아님을 알아야:

　이렇다 할 기준이 없이 물거품이 일어났다 가라앉는 것이다.

能回心此箇門中하야 以般若智水로

滌除垢染之穢하고

清淨自居하야 從脚下去하야 一刀兩段하고

更不起相續心이 足矣라.

不必思前念後也니라.

마음을 깨달음에 두어 반야의 지혜 물로*
생각으로 오염된 것을 깨끗이 씻어 제거하고
청정하게 스스로 있으며 현재 일어나는 번뇌를 한칼로 끊고,*
다시 이어지는 마음(생각)이 일어나지 않게 하는 것이 족足하고
과거過去와 미래未來*를 생각할 필요가 없습니다.

*지혜 물로:

　미혹하지 않고 사물을 있는 대로 바로 보는 힘.

*번뇌를 한칼로 끊고:

　현재 일어나는 한 생각은 과거 습관으로 만든 종자이므로 이 번뇌
　를 한칼로 두 단을 내는 것은 이것저것 차별이 끊어진 무심이 되어
　야 가능하며, 생각이 일어날 때 바로 참회하는 방법이 있다.

*과거와 미래:

　지나간 과거가 생각으로 일어나지만 허망한 허깨비이기에 매달려
　가면 미혹하게 된다. 미래 또한 존재하지 않는 허망한 것이기에 걱
　정할 필요가 없다. 지나간 과거나 미래가 걱정되는 생각이 일어날
　때 바로 참회하면 된다.

旣曰虛幻則作時도 亦幻이며

受時도 亦幻이며

知覺時도 亦幻이며

迷倒時도 亦幻이며

過去現在未來가 皆悉是幻이라.

이미 허환인즉 지을 때도 환이며,

받을 때도 환이며,

느끼고 알 때도 환이며,*

잘못 알고 행하는 미혹함도 환이며,

과거·현재·미래도 모두 환幻이라고 말합니다.

*지을 때도, 받을 때도, 느끼고 알 때도 환이며:

　수연즉응隨緣卽應이라. 인연 따라 바로 응하여 있는 대로 모습을 보

　고 알되, 모든 만물은 환이기에 매이지 말라.

今日知非則以幻藥으로

復治幻病이니

病瘥藥除하면

依前只是舊時人이라.

若別有人有法則是는

邪魔外道의

見解也니라.

오늘 그른 줄 알면, 허깨비 약藥으로

다시 허깨비 병病을 치료하는* 것이니,

병이 없어지고 약을 제거하면

다만 옛 때의 사람*입니다.

만약 따로 사람이 있고 법이 있다면,*

사악한 마魔가 되어 밖으로 도道를 구하는

견해見解를 내는 것이니라!

*허깨비 약으로, 허깨비 병을 치료:

한 생각을 일으켜 미혹하게 따라가서 생긴 병이므로 생각은 허깨비이기에, 허깨비 약으로 치료해야 병이 낫는다. 생각이 일어날 때 참회하는 것이 허깨비 약이다.

*옛 때의 사람:

한 생각이 일어나 허망하게 살았는데 다시 근본 마음으로 돌아와 순수한 상태.

*사람이 있고 법이 있다면:

내가 존재한다고 믿기에 다른 사람이 있게 되고, 가지가지 법이 생긴다.

公은 深思之하야 但如此崖將去호대

時時於靜勝中에

切不得忘了

須彌山과 放下著兩則語하고

但從脚下하야 着實做將去언정

已過者는 不須怖畏하고 亦不必思量이니

思量怖畏하면 卽障道矣리라.

공(증시랑)은 깊이 생각할 것은 다만 그와 같이 나아가면 되지

수시로 고요함을 수승하게 여기고

간절하게 여긴다면 망령되게 요달할 수 없고,

수미산須彌山,* 방하착放下着* 양兩 말로

다만 이 순간을 착실히 공부 지으면 되지,

과거는 두려워하지 말고, 또한 사량思量할 필요 없으니

사량하고 두려워하면, 즉 도道에 장애障碍가 되리라!

*수미산:

어떤 승려가 운문에게 묻기를

"한 생각이 일어나지 않는 것이 도리어 허물이 있습니까?" 하자

운문이 "허물이 수미산과 같느니라."고 한 데서 연유한 것이다.

*방하착:

엄양존자가 조주선사에게 묻기를

"한 물건도 가져오지 않았을 때는 어떠합니까?" 하자

조주선사가 "내려놓아라."하였다.

엄양존자가 다시

"한 물건도 가져오지 않았거늘 무엇을 내려놓습니까?" 하자

조주선사가 "내려놓기 싫거든 짊어지고 가거라."라고 한 데서 연유

한 것이다.

但於諸佛前에 發大誓願호대

願此心이 堅固하야 永不退失하고

仗諸佛加被하야 遇善知識하야

一言之下에 頓亡生死하고

悟證無上正等菩提하야

續佛慧命하야

以報諸佛莫大之恩하야지이다하라.

若如此則久久하면 無有不悟之理하리라.

다만 모든 부처님 전에 큰 서원誓願*을 내어

원願하는 마음이 견고堅固하여 영원히 물러남이 없고,

모든 부처님의 가피를 입어서 선지식을 만나*

한 말에 생사번뇌를 문득 잊고*

비교할 수 없는 바른 지혜를 깨닫고 증득하여

"부처님 지혜의 생명을 이어서

모든 부처님의 막대한 은혜에 보답하겠습니다."라고 하면 됩니다.

만약 이와 같이 오래하면 깨닫지 못할 도리가 없으리라.

*서원誓願:

상구보리 하화중생 할 수 있는 큰 뜻을 세워 정진한다.

*선지식을 만나:

일상생활 가운데 모든 사람이 스승이고 선지식이다.

*생사번뇌를 문득 잊고:

이런저런 분별하며 생각에 빠져 지냈으나 형상이 있는 것을 허망
한 것으로 보는 순간에 생각이 고요한 순간.

不見이

善財童子가 從文殊發心하야

漸次南行호대 過一百一十城하야

參五十三善知識하고 末後於彌勒一彈指頃에

頓亡前來諸善知識의 所得法門하고

復依彌勒教하야 思欲奉覲文殊한대

於是에 文殊遙伸右手하고

過一百一十由旬하야

按善財頂曰 善哉善哉라.

보지 못했습니까?

선재동자가 문수보살로부터 발심하야

점차 남행하여 일백일십 성城을 지나,*

53선지식을 참배하고 마지막에 미륵보살이 손가락 튕기는 사이*에

과거에 모든 선지식으로부터 얻은 바 법문을 문득 잊고,

다시 미륵彌勒의 가르침을 의지하라* 하니

선재동자는 생각하고 문수보살을 받들기로 하였다.

이에 문수는 오른손을 멀리하고 일백일십 유순을 지나

선재 머리를 만지고 말씀하기를 "대단하고 대단하다."

*남행하여 일백일십 성을 지나:

문수보살의 지혜를 얻기 위해 점차 수행하여 많은 곳을 다녔다.

*미륵보살이 손가락 튕기는 사이:

딱 소리를 듣고 원음소리인 것을 알았다. 과거에 들은 법문은 알음
알이 지식이므로 다 놓았다.

*미륵의 가르침을 의지하라:

지금까지 배운 지식을 놓아야 지혜가 일어나므로 부처님의 지혜인
문수를 다시 의지하도록 권한다.

善男子야 若離信根이런들
心劣憂悔하야
功行이 不具하고
退失精勤하야 於一善根에
心生住着하며 於少功德에 便以爲足하야
不能善巧로 發起行願하며
不爲善知識之所攝護하며

선남자여, 만약 믿음이 없었다면*
소심한 마음이 근심과 후회로
공덕 행을 갖출 수 없고,
부지런하다는 생각에 잠겨 한 선근에 머물러
생각에 빠져 산다면 작은 공덕에 문득 족함을 여기고*
원願을 이루기 위해 발심하나 좋은 방법이 못 되니,
선지식의 인도와 보호를 받지 못합니다.

*만약 믿음이 없었다면:

내가 불성을 지니고 있는 것을 알기에 지금까지 배우고 익힌 것에 매이지 않고, 또 선지식을 의지하여 이 몸을 허물 때까지 부족하다는 마음으로 살아야 한다.

*작은 공덕에 족한 마음:

내가 선한 일을 했다 하는 마음에 갇혀 자랑과 자만심에 머무르면 선지식의 인도를 받지 못한다.

乃至不能了知 如是法性과

如是理趣와 如是法門과

如是所行과 如是境界하리며

若周徧知와 若種種知와

若盡源底와 若解了와

若趣入과 若解說과

若分別과 若證知와

若獲得을 皆悉不能일러니라.

이에 법성과 이치와 법문과

행하는 바 이와 같은 경계를 알지 못하며*

두루 알고 가지가지 알고

모든 근원과 분명히 이해하는 것과

깨달음에 들어감*과 해설과

분별과 가지가지 아는 것을

획득하여 모두 다 알지 못합니다.

*이와 같은 경계를 알지 못하며:

    법성 – 진리의 성품인 마음

    이치 – 말과 행위가 진리에 일치한 사람, 진리에 벗어나지 않는 말
          과 행위

    법문 – 진리에 따라 나아가게 하는 방편의 말씀

    소행 – 나를 제외한 밖의 사물과 사람들

*깨달음에 들어감:

    기도명상 – 정근을 통하여 삼매에 들어 번뇌를 정화함

    좌선명상 – 명상으로 삼매에 들고 간화로 돌이킴

    일상명상 – 사람과 사물을 통하여 일어나는 감정을 고요하게 만듦

文殊가 如是宣示善財하신대
善財가 於言下에 成就阿僧祇法門하야
具足無量大智光明하며
入普賢門하야 於一念中에
悉見三千大千世界 微塵數諸善知識하고
悉皆親近하며 恭敬承事하고

문수는 이와 같이 선재에게 베풂을 보이시니,
선재는 문수의 말에 무수한 법문을 성취하고,
무량한 큰 지혜 광명을 족足하게 갖추고,
보현普賢문*에 들어가서 한 생각 가운데에
삼천대천세계* 헤아릴 수 없는 선지식을 다 뵙고,
다 친근하며 공경으로 받들어 모셨다.

*보현문:

　법성, 이치, 법문에 대한 바른 것을 알고, 한 생각 또는 만 생각이 경계에 매이지 않으니 위함이 없는 자비가 생긴다.

*삼천대천세계:

　우주 1개 소천, 소천 1,000개 중천, 중천 1,000개 대천세계. 그러나 한 생각에 삼천대천세계가 일어난다.

受行其敎하야

得不忘念智莊嚴藏解脫하며

以至入普賢毛孔刹하야

於一毛孔에 行一步호대

過不可說不可說 佛刹微塵數世界하야

與普賢等하고 諸佛等하며

刹等行等하며

及解脫自在悉皆同等하고

無二無別하니

그 가르침의 행위를 받고

생각에 매이지 않는 지혜로 장엄하니 해탈을 얻고

이에 모공 전체가 보현(자비)에 들어가므로

한 모공(한 세계)에 한 걸음을 행하되

설할 수 없고 설할 수 없는 부처님의 미진수 세계를 지나

보현(자비)이 함께하며 모든 부처님과 같이

모든 세계에 행하는 것이

해탈하기에 모두 다 동등하게 자재하여

둘도 없고, 다르지 않는 데* 이르렀다.

*둘도 없고, 다르지 않는 데:

한 생각 일어나 미혹하면 둘이지만, 미혹하지 않으면 진리와 하나가 되기에 다르지 않다.

當恁麼時하야 始能回三毒하야

爲三聚淨戒하며

回六識하야 爲六神通하며

回煩惱하야 爲菩提하며

回無明하야 爲大智하리니

如上遮一絡索은 只在當人의

末後一念眞實而已이라.

마땅히 이러한 때라야 비로소 3독(탐·진·치)을 돌이켜

세 가지 취하여 계정혜戒定慧 되며,

육식六識을 돌이켜 육신통이 되며,

번뇌煩惱를 돌이켜 보리(기쁨)가 되며,

무명無明을 돌이켜 대지혜가 되리니

이상의 한 꾸러미*는 다만 본인에게 있으며

마지막도 일념진실*이니라.

*한 꾸러미:

3독이 계정혜 되고(욕심내고 화내고 어리석음에서 신구의로 일어나는 감정이 안정되면 지혜가 일어난다), 육식을 돌이켜 육신통이 되고(안·이·비·설·신·의로 느껴지는 감정이 무심이 되어 가지가지를 정확히 알게 된다), 번뇌가 보리로 되고(육근으로 대상을 보고 차별분별을 하였으나, 멈추고 있는 대로 보는 힘이 생겼다), 어리석음이 없어지고 큰 지혜가 일어난다.

*일념진실:

사람을 대할 때 한 생각 일어나지만 취하지도 버리지도 않고 그 사람의 말과 행위를 보고 근기만 알 뿐이다. 사물을 접할 때 필요에 따라 이용하지만 기준을 세워 그 사물을 집착하든가 하찮게 여기지 않는 균일한 마음.

善財가 於彌勒彈指之間에

尚能頓亡諸善知識의 所證三昧댄

況無始虛僞

惡業習氣耶따녀

若以前所作底罪로 爲實則

現今目前境界가 皆爲實有며

乃至官職富貴恩愛도 悉皆是實이리니

선재가 미륵이 손가락 튕기는 사이에

오히려 모든 선지식 증득한 바 삼매도 문득 잊었는데,

하물며 과거부터 지금까지 헛된 거짓으로

지은 업業과 습기習氣야 말할 것 있겠는가?

만약 과거에 지은 바 죄罪가 실實인즉,*

현재 보이는 경계도 다 실이며,

내지 관직官職, 부귀富貴, 은혜恩惠도 다 실입니다.

*과거에 지은 바 죄도 실인 즉:

　지나간 일을 상기하면서 스스로 자책하며 괴로워하든가

　상대로 인하여 그 일이 잘못되었다고 여기고

　분노 또는 아쉬워하는 마음을 일으킨다면,

　현재 보이고 들리는 것에 감정을 일으켜 차별에 빠지고

　직책으로 남을 부리고, 부귀로 남을 업신여기고,

　남으로부터 대접받으면 좋아하는 마음이 생긴다.

旣是實則 地獄天堂도 亦實이며

煩惱無明도 亦實이며

作業者도 亦實이며

受報者도 亦實이며

所證底法門도 亦實이라.

若作遮般見解則盡未來際토록

更無有人이 趣佛乘矣며

三世諸佛과 諸代祖師의

種種方便이 飜爲妄語矣리라.

이미 실인즉 지옥 천당도 실實이며,

번뇌 무명도 실이며,

업을 지은 자도 실이며,

과보를 받는 자도 실이며,

증득한 법문도 실이라!

만약 이런 견해를 짓는다면 미래제 다하도록

유무有無에 있는 사람*이 거듭 부처되기를 애쓰지만

삼세제불과 모든 조사를 대함도 가지가지 방편인데*

도리어 허망한 말이 되리라.*

*유무에 있는 사람:

좋고, 싫다는 차별된 견해에 빠져 있는.

*방편인데:

깨달음에 이르기 위해 일시적으로 도와주는 말씀.

*허망한 말이 되리라:

집착하니 그곳에 매여 고통이 생겨 조사, 선지식 말씀이 도리어 허
망하게 된다.

承호니 公이 發書時에

焚香對諸聖하고

及遙禮庵中而後에 遣이라하니

公의 誠心至切이 如此라.

相去雖不甚遠이나 未得面言일새

信意信手하야 不覺에 切怛如許하노니

雖若繁絮나 亦出誠至之心이라.

不敢以一言一字로 相欺니

苟欺公則是는 自欺耳니라.

받아 보니 공(증시랑)이 서신을 보낼 때에

모든 성현聖賢께 향을 사르고,

내(대혜)가 머무는 곳을 향해 멀리서 예배하고 보낸다 하니,

공의 정성된 마음이 지극하고 간절함이 그와 같으니,

서로 비록 심甚히 멀지 않으나 아직 대면하지 못하고 있음일세!

마음과 손 가는 대로 모르는 사이에 어지럽게 이와 같으니,

비록 번거롭고 많으나 또한 정성이 지극한 마음에서 나온 것이라.

감히 한 생각 한 글자도 속인 것이 아님이니

참으로 공(증시랑)을 속였다면 스스로 나를 속인 것이니라.*

*스스로 나를 속인 것이니라:

　진솔한 마음으로 표현했기에 스스로 부끄러움이 없다는 말씀.

又記得호니 善財가

見最寂靜婆羅門하고 得誠語解脫하야

過去現在未來諸佛菩薩이

於阿耨菩提에 無己退하며

無現退하며 無當退하야

凡有所求를 莫不成滿은

皆由誠至所及也라.

또 기억하니 선재가

최적정바라문*을 뵙고 정성스런 말씀에 해탈解脫을 얻고,

과거·현재·미래 모든 불보살님이

아뇩보리에 이미 물러남이 없고,

현재 물러남이 없고 마땅히 물러남이 없으니,

무릇 구하는 바를 다 이루지 않음이 없었던 것은

모두 정성이 지극한 바의 연유*인지라.

*최적정바라문:

　고요함과 맑음이 최고인 스승 바라문.

*아뇩보리:

　깨달음의 경지.

*모두 정성이 지극한 바의 연유:

　과거 부처님의 말씀을 믿음으로 받들어 섬겼기에 구하는 바를 다
　얻었음.

公이 旣與竹倚蒲團으로 爲侶라하니

不異善財가 見最寂靜婆羅門이며

又發雲門書할새 對諸聖하야

遙禮而後에 遣은

只要雲門으로 信許니

此는 誠至之劇也라. 但相聽하라.

只如此히 做工夫將來하면

於阿耨菩提에 成滿無疑矣리라.

공이 이미 대나무로 만든 방석과 더불어* 짝을 삼는다고 하니

선재의 최적정바라문을 보는 것과 다르지 않으며,

또 운문(나)이 보낸 서신에도 모든 성현聖賢께

그곳에서 예배를 올린 후後*에 보내는 것은

다만 운문(나)에게 믿음을 보낸 것이니,

이것은 지극한 정성의 극치極致라, 다만 자세히 들으세요.

단지 이와 같이 공부 지으면

아뇩보리에 만족하게 이루는 것은 의심할 것 없습니다.

*대나무로 만든 방석과 더불어:

대나무로 만든 방석에 앉아 참선수행 함을 비유.

*그곳에서 예배를 올린 후:

성현께 예배드림은 정성과 믿음으로 공경을 표시함이니, 머리를 땅
에 대고 육신의 애착을 놓는 것이다. 그 후에 나에게 편지를 보내는
것은 나에 대한 믿음이니라.

대혜 스님이 증시랑에게 답함 ①

편지를 받아 보니 스스로 어린 나이에 벼슬에 이르렀고
많은 큰 스승들 참배參拜하다가
중간에 과거科擧와 혼인婚姻과 벼슬을 하게 되었고,
또 잘못 알고 잘못 익힘에 수승함을 삼아서
아직 순일한 공부 짓지 못함으로 이것이 큰 죄라 하며,
또한 스쳐간 세간사世間事를 아프게 생각하고,
가지가지 공空하여 허깨비인 것을 알고
하나도 즐거움이 없어 오로지 마음을 일대사인연(성인됨)을
구한다고 하니 심甚히 병승(내 생각)의 뜻과 같음이로다.
그러나 선비 된 사람이라 월급 받고 생활함이요,
과거와 혼인과 벼슬도 세간에서 면할 수 없는 것이며
또한 공(증시랑)의 죄가 아니거늘
작은 죄로 큰 공포와 두려움을 내니,
과거 무수한 세월로부터 참된 선지식 받들어 모시고,
지혜완성을 이루기 위해 수행하고 훈습함이
깊지 않았으면 어찌 능히 이와 같으리오.

공의 큰 죄罪라고 말하는 것은
성인과 현인도 또한 면할 수 없으니,
다만 세간 법은 허환虛幻하여
완전한 법法이 아님을 알아야 합니다.

68

마음을 깨달음에 두어 반야의 지혜 물로

생각으로 오염된 것을 깨끗이 씻어 제거하고

청정하게 스스로 있으며 현재 일어나는 번뇌를 한칼로 끊고,

다시 이어지는 마음(생각)이 일어나지 않게 하는 것이 족足하고

과거過去와 미래未來를 생각할 필요가 없습니다.

이미 허환인즉 지을 때도 환이며,

받을 때도 환이며,

느끼고 알 때도 환이며,

잘못 알고 행하는 미혹함도 환이며,

과거·현재·미래도 모두 환幻이라고 말합니다.

오늘 그른 줄 알면, 허깨비 약藥으로

다시 허깨비 병病을 치료하는 것이니,

병病이 없어지고 약을 제거하면

다만 옛 때의 사람입니다.

만약 따로 사람이 있고 법이 있다면,

사악한 마魔가 되어 밖으로 도道를 구하는

견해見解를 내는 것이니라!

공(증시랑)은 깊이 생각할 것은 다만 그와 같이 나아가면 되지

수시로 고요함을 수승하게 여기고

간절하게 여긴다면 망령되게 요달할 수 없고,

수미산須彌山, 방하착放下着 양兩 말로

다만 이 순간을 착실히 공부 지으면 되지,

과거는 두려워하지 말고, 또한 사량思量할 필요 없으니
사량하고 두려워하면 즉 도道에 장애障碍가 되리라!
다만 모든 부처님 전에 큰 서원誓願을 내어
원願하는 마음이 견고堅固하여 영원히 물러남이 없고,
모든 부처님의 가피를 입어서 선지식을 만나
한 말에 생사번뇌를 문득 잊고
비교할 수 없는 바른 지혜를 깨닫고 증득하여
"부처님 지혜의 생명을 이어서
모든 부처님의 막대한 은혜에 보답하겠습니다."라고 하면 됩니다.
만약 이와 같이 오래하면 깨닫지 못할 도리가 없으리라.

보지 못했습니까?
선재동자가 문수보살로부터 발심하야
점차 남행하여 일백일십 성城을 지나,
53선지식을 참배하고 마지막에 미륵보살 손가락 튕기는 사이에
과거에 모든 선지식으로부터 얻은 바 법문을 문득 잊고,
다시 미륵彌勒의 가르침을 의지하라 하니
선재동자는 생각하고 문수보살을 받들기로 하였다.
이에 문수는 오른손을 멀리하고 일백일십 유순을 지나
선재머리를 만지고 말씀하기를 대단하고 대단하다.
선남자여, 만약 믿음이 없었다면
소심한 마음이 근심과 후회로
공덕행을 갖출 수 없고,

부지런하다는 생각에 잠겨 한 선근에 머물러
생각에 빠져 산다면 작은 공덕에 문득 족함을 여기고
원願을 이루기 위해 발심하나 좋은 방법이 못 되니,
선지식의 인도와 보호를 받지 못합니다.
이에 법성과 이치와 법문과
행하는 바 이와 같은 경계를 알지 못하며
두루 알고 가지가지 알고
모든 근원과 분명히 이해하는 것과
깨달음에 들어감과 해설과
분별과 가지가지 아는 것을
획득하여 모두 다 알지 못합니다.

문수는 이와 같이 선재에게 베풂을 보이시니,
선재는 문수의 말에 무수한 법문을 성취하고,
무량한 큰 지혜 광명을 족足하게 갖추고,
보현普賢문에 들어가서 한 생각 가운데에
삼천대천세계 헤아릴 수 없는 선지식을 다 뵙고,
다 친근하며 공경으로 받들어 모셨다.
그 가르침의 행위를 받고
생각에 매이지 않는 지혜로 장엄하니 해탈을 얻고
이에 모공 전체가 보현(자비)에 들어가므로
한 모공(한 세계)에 한 걸음을 행하되
설할 수 없고 설할 수 없는 부처님의 미진수 세계를 지나

보현(자비)이 함께하며 모든 부처님과 같이

모든 세계에 행하는 것이

해탈하기에 모두 다 동등하게 자재하여

둘도 없고, 다르지 않는 데 이르렀다.

마땅히 이러한 때라야 비로소 3독(탐·진·치)을 돌이켜

세 가지 취하여 계정혜戒定慧 되며,

육식六識을 돌이켜 육신통이 되며,

번뇌煩惱를 돌이켜 보리(기쁨)가 되며,

무명無明을 돌이켜 대지혜가 되리니

이상의 한 꾸러미는 다만 본인에게 있으며

마지막도 일념진실이니라.

선재가 미륵이 손가락 튕기는 사이에

오히려 모든 선지식 증득한 바 삼매도 문득 잊었는데,

하물며 과거부터 지금까지 헛된 거짓으로

지은 업業과 습기習氣야 말할 것 있겠는가?

만약 과거에 지은 바 죄罪가 실인즉,

현재 보이는 경계도 다 실이며,

내지 관직官職, 부귀富貴, 은혜恩惠도 다 실입니다.

이미 실인즉 지옥 천당도 실이며,

번뇌 무명도 실이며,

업을 지은 자도 실이며,

과보를 받는 자者도 실이며,

증득한 법문도 실이라!

만약 이런 견해를 짓는다면 미래제 다하도록

유무有無에 있는 사람이 거듭 부처되기를 애쓰지만

삼세제불과 모든 조사를 대함도 가지가지 방편인데

도리어 허망한 말이 되리라.

받아 보니 공(증시랑)이 서신을 보낼 때에

모든 성현聖賢께 향을 사르고,

내(대혜)가 머무는 곳을 향해 멀리서 예배하고 보낸다 하니,

공(증시랑)의 정성된 마음이 지극하고 간절함이 그와 같으니,

서로 비록 심甚히 멀지 않으나 아직 대면하지 못하고 있음일세!

마음과 손 가는 대로 모르는 사이에 어지럽게 이와 같으니,

비록 번거롭고 많으나 또한 정성이 지극한 마음에서 나온 것이라.

감히 한 생각 한 글자도 속인 것이 아닙니다.

참으로 공(증시랑)을 속였다면 스스로 나를 속인 것이니라.

또 기억하니 선재가

최적정바라문을 뵙고 정성스런 말씀에 해탈解脫을 얻고,

과거·현재·미래 모든 불보살님이

아뇩보리에 이미 물러남이 없고,

현재 물러남이 없고 마땅히 물러남이 없으니,

무릇 구하는 바를 다 이루지 않음이 없었던 것은

모두 정성이 지극한 바의 연유인지라.

공이 이미 대나무로 만든 방석과 더불어 짝을 삼는다고 하니

선재의 최적정바라문을 보는 것과 다르지 않으며,
또 운문(나)이 보낸 서신에도 모든 성현聖賢께
그곳에서 예배를 올린 후後에 보내는 것은
다만 운문(나)에게 믿음을 보낸 것이니,
이것은 지극한 정성의 극치極致라, 다만 자세히 들으세요.
단지 이와 같이 공부 지으면
아뇩보리에 만족하게 이루는 것은 의심할 것 없습니다.

남의 덕 부들을
꾸짖기 좋아
말고 스스로
깔꼿은 빛 꽃을
라 송헌

3) 대혜 스님이 증시랑에게 답함 ②

公이 處身富貴호대

而不爲富貴에 所折困하니

非夙植般若種智면 焉能如是리요

但恐中忘此意하고

爲利根聰明에 所障하야

以有所得心이 在前頓放故로

不能於古人直截徑要處에

一刀兩段하야 直下休歇하나니

그대가 몸이 부귀富貴에 있으되

부귀에 꺾이고 빠지지 않았으니*

일찍 반야종지般若種智*를 닦지 않았으면

어찌 능히 이와 같으리오.

다만 아쉬움은 중간에 도道 닦는 것을 잊고,*

근기가 이롭고 총명함에 장애障碍되어서

마음에 얻은 바가 있어 앞에 두는 연고로

고인古人이 바로 끊는 길*

한칼로 양쪽을 내어 바로 쉬지 못할까 염려됩니다.

*부귀에 꺾이고 빠지지 않았으니:

　부유한 사람에게 아부 떨지 않고, 부유해도 가난한 사람을 무시하
　지 않고, 권력이 있어도 부리지 않는 사람.

*반야종지:

　열반에 이르기 위해 지혜종자를 심다.

*도道 닦는 것을 잊고:

　과거에 반야종지를 닦았으나, 현실을 살아가는 데 빠져서 마음을
　잊고 살았다.

*바로 끊는 길:

　한 생각이 일어나는 순간에 번뇌를 단절하는 방법.

此病은 非獨賢士大夫라

久參衲子도 亦然하야

多不肯退步하야 就省力處 做工夫하고

只以聰明意識計較思量으로 向外馳求하며

乍聞知識의 向聰明意識思量計較外하야

示以本分草料하야는

多是當面蹉過하고 將謂從上古德이

有實法與人이라하나니

如趙州放下着과 雲門須彌山之類가 是也라하니라.

이 병病은 현사대부(벼슬아치 선비)만 아니고,

오래 도道 닦은 스님도 또한 그러하여

대부분 뒷걸음하여 힘써 공부 짓는 것에 나아가지 않고,[*]

다만 총명聰明 의식意式으로 계획하고,

비교하고 사량思量하며 밖으로 향해 달리듯 구한다면,

잠깐 지식을 듣고 총명한 의식과 계획하고 비교하며

밖을 향하여 근본 깨달음을 보이면서

다 바로 지나치고 옛 고덕으로부터

실법이 있어 사람에게 줌이 있다고[*] 여깁니다.

조주방하착과 운문수미산 방법이 옳습니다.

*힘써 공부 짓는 것에 나아가지 않고:

　　마음이란 소리와 형상이 없기에 중간에 답답하고 지루하게 느껴지
　　니 빠른 효험을 얻으려고 밖으로 달려가게 된다.

*사람에게 줌이 있다고:

　　이미 모든 사람이 불성을 지니고 있기에 어떤 법을 사람에게 줌이
　　있지 않다. 다만, 성인들께서는 가는 길을 방편으로 일러줄 뿐.

巖頭가 曰却物이 爲上이요

逐物이 爲下라하며,

又曰 大統綱宗은 要須識句니

甚麼是句오

百不思時를 喚作正句라하며

亦云居頂이라하며 亦云得住라하며

亦云歷歷이라하며 亦云惺惺이라하며

亦云恁麼時라하나니

암두 스님 말하기를, 물질을 벗어남이 수승함*이고,

물질을 좇는 것이 부족한 사람*이라 하였다.

또 대체적인 으뜸 되는 요점*은 모름지기 의식*이니,

어떤 것이 의식인가.

모든 것을 생각하지 않을 때를 바른 의식이라고 부르며,

또 높이 있다 하며 머무름을 얻었다 하며,

분명하고 또렷하며

이런 때에 깨달음에 이르게 됩니다.

*물질에 벗어남이 수승함:

모든 만물은 인연으로 생긴 허깨비이므로, 진실이라 집착하면 '마귀'에 썬 사람이 되지만 물질에서 벗어난 이는 수승한 사람이다.

*물질을 좇는 것이 부족한 사람:

이것저것 좋고 싫은 감정으로 밖으로 달려가는 사람. 사람에게 애착하든가, 사물에 집착하는 것.

*대통강종大統綱宗:

대통(대체로), 강종(으뜸 되는).

*식구識句:

의식작용은 참구參究와 의구意句가 있다. 참구는 한 생각이 일어나 허망하게 좇지 못하게 하는 작용의 힘이고, 의구는 한 생각이 일어나 뜻을 사량하여 좇아가므로 허망하게 된다.

將恁麼時하야 等破一切是非니

纔恁麼면 便不恁麼라

是句도 亦剗이며 非句도 亦剗이니

如一團火相似하야

觸着便燒라.

有甚麼向傍處리요.

이러한 때가 되어야, 일체 옳고 그른 모두를 파하니,

겨우 이렇다 하면 문득 이러한 것이 아니라*

옳은 것도 버리고 그른 것도 버려야 하며

한 덩어리 불과 같아서

접근하면 바로 타는* 것이라.

무슨 방향처가 있으리오.

*이렇다 하면 문득 이러한 것이 아니라:

   자기 주관으로 한 생각 하여, 이런 것이야 하면 저런 것이 생겨 투
   쟁이 일어나므로, 이런 것이야 하고 생각하는 것은 잘못된 것이다.

*접근하면 바로 타는:

   한 생각을 일으켜 옳다 그르다 하면 미혹에 빠지고 허망하게 되니
   접근하면 바로 타버린다고 표현한 것이다.

今時士大夫가 多以思量計較로 爲窟宅하야

聞恁麽說話하면 便道호대

莫落空否아하나니

喩似舟未飜에

先自跳下水去라

此는 深可憐愍이로다.

오늘날 사대부가 다 사량계교思量計較로 굴집*을 삼으며

어떤 말을 듣고 문득 말하기를

공空에 떨어지지 않을까* 하지 말지니

비유하면 배가 뒤집어지지 않았는데,

먼저 스스로 물에 뛰어내리는 것과 같으며,*

이는 참으로 가엾은 사람이다.

*굴집:

이런저런 생각을 하며 자기주관, 아상, 기준 등등을 세우고 울타리 속에서 산다.

*공空에 떨어지지 않을까:

내가 없으니 일어난 생각도 허깨비인데, 한 생각이 일어나면 이런 저런 계획을 하다가, 스스로 생각하기를 공空에 떨어지지 않을까 걱정하는 것.

*물에 뛰어내리는 것과 같으며:

현재 일어나지 않았으나 미래에 일어나겠지 생각하고 먼저 포기하 거나 또는 행동을 취하는 어리석음.

近至江西하야 見呂居仁호니

居仁이 留心此段因緣이 甚久호대

亦深有此病이라. 渠豈不是聰明이리오만은

某嘗問之曰하되

公이 怕落空하니 能知怕者는

是空耶아 是不空耶아

試道看하라.

渠佇思하야 欲計較祗對어늘

當時에 便與一喝호니

至今茫然하야 討巴鼻不着이로다.

근래 강서江西에 이르러 여거인을 보니

거인이 마음의 도道 닦는 인연에 머문 것이 심甚히 오래되었는데,

또한 이 병이 깊은지라* 그(여거인)가 어찌 총명하지 않겠습니까
마는

나(대혜)에게 일찍 물었는데

공이 공空에 떨어질까 두려워하니,

능히 두려움을 느끼는 자는

공空을 아는 자야! 모르는 자야!*

시험 삼아 도道를 보이시오.

그가 한참 생각하고 꾸며서* 대답하거늘,

당시에 문득 할喝을 주니*

바로 놀라며 앞뒤(선후)를 분별하지 못함*이로다.

*이 병病이 깊은지라:

옳고 그름에 빠져서 공空에 떨어질까 두려워하는 사람들.

*공空을 아는 자야! 모르는 자야:

있다 없다에 빠진 사람들을 구제하기 위해 중도中道로 공空을 말했으나, 이치를 깨치고 나면 공도 존재하지 않는 것을 알게 된다.

*한참 생각하고 꾸며서:

아무리 진실한 진리를 말해도 생각하여 하는 말은 허망한 것이다.

*할(喝)을 주니:

정해진 말이 없고, 주는 사람의 법력에 따라 다르게 말하여 집착에 매여 있는 것을 풀어 준다.

*앞뒤(선후)를 분별하지 못함:

지금까지 생각으로 살았는데, 근본마음에서 대답해야 하니 알 수 없어 멍청하게 된다.

此蓋以求悟證之心이 在前頓放*하야

自作障難이요 非干別事니라.

公은 試如此做工夫하야

日久月深하면

自然築着磕着이어니와

若欲將心待悟하며

將心待休歇인댄 從脚下參하야

到彌勒下生이라도 亦不能得悟하며

亦不能得休歇하고 轉加迷悶耳니라.

이는 대개 깨달음을 증득하기를 구하는 마음을* 앞에 두기에

스스로 장애를 지음이요, 다른 일이 아니오.

공(그대)은 시험 삼아 이와 같이 공부지어

날이 오래되고 달이 깊어지면,

자연히 대나무가 딱 맞듯이 맷돌이 맞듯이 될 것입니다.

만약 마음으로 깨달음을 기다리고

마음으로 쉼을 기다리는 마음으로 참구한다면,

미륵이 사바세계에 올지라도 또한 깨달을 수 없고

쉴 수도 없으며 거듭 답답함을 더하리라.

*돈방頓放: (문득, 몰록, 찰라 돈, 놓을 방.)

여기서는 의식적으로 몰록 잃고 깨달음을 구하는 마음을 지니고
증득하고자 하는 마음의 모습.

*구하는 마음을 앞에 두기에:

깨달음은 언제 올까? 이것이 깨달음인가? 이렇게 공부하면 깨닫게
될까? 등등으로 생각을 먼저 일으키고 구하는 마음.

平田和尙이 曰神光이 不昧하야

萬古徽猷니

入此門來인댄 莫存知解라하며,

又古德이 曰此事는

不可以有心求며 不可以無心得이며

不可以語言造며 不可以寂黙通이라하니

此是第一等이

入泥入水한 老婆說話어늘

往往에 參禪人이 只恁麼念過하고

殊不子細看이 是甚道理오하나니

평전화상이 말하기를 신비스런 빛*은 어둡지 않고
만고萬古에 아름다움이니,
도道의 문에 들어오면 생각을 두지 말라 하였고,
또 고덕이 도道 닦는 일을 말하기를
유심有心*으로 구할 수 없고, 무심無心*으로 구할 수 없으며,
언어言語*로 지을 수 없으며, 침묵沈黙*으로 통할 수 없음*이라.
이 말은 가장 절박한 상황
진흙이나 물에 빠졌을 때*에도 노파심의 말씀이거늘
종종 참선하는 사람은 다만 자연스럽게 생각을 놓치고
자못 이 깊은 도리道理를 자세히 관찰하지 않는다.

*신비스런 빛:

우리 몸에 신비스런 빛을 간직하고 있는데, 내 생각이 허망하게 되어 그 빛이 가렸다.

*유심有心:

깨달음을 기다리고, 쉬기를 기다리는 마음.

*무심無心:

생각이 일어나지 않는 것이 깨달음이고 공空이다. 모든 것은 공空이야 하고 허무에 빠지는 경우.

*언어言語:

경전이나, 고인언구에 말로 이루려는 마음.

*침묵沈黙:

앉아서 묵묵히 깨달음을 찾는 마음.

*통할 수 없음:

유심, 무심, 언어, 침묵으로 깨달을 수 없다.

*입니입수(入泥入水):

진흙이나 물에 사람이 빠져 절박한 상황이라도 깨달음을 이루려면 사로(유심, 무심, 언어, 침묵)에 매이지 말라는 말씀이다.

若是箇有筋骨底인댄

聊聞擧着하고 直下에

將金剛王寶劒하야 一截에

截斷此四路葛藤하면

則生死路頭도 亦斷이며

凡聖路頭도 亦斷이며

計較思量도 亦斷이며

得失是非도 亦斷하야

當人의 脚跟下가 淨裸裸하고 亦灑灑하야 沒可把하리니

豈不快哉며 豈不暢哉리요.

만약 의지意志와 믿음이 있으면

이런 이야기를 듣고 바로

신심信心과 의지를 가지고 한 번 끊음에

이 사로(유심, 무심, 언어, 침묵)*의 갈등을 절단한즉

생사生死의 길도 또한 단절되며,

범부와 성인의 길도 끊어지며,

계교사량도 끊어지며,

득실시비도 끊어지니,

본인이 맨몸을 씻은 듯이 깨끗하게* 머문다면 허물이 없음이니

어찌 좋지 않고 어찌 기쁘지 않겠는가?

*사로四路:

유심(생각하고 기다림), 무심(고요한 것을 깨달음으로 착각), 언어(경전과 조사님의 말씀을 앵무새처럼 말로만 하는 것), 침묵(앉아서 묵묵히 깨달음을 기다림).

*씻은 듯이 깨끗하게:

생각을 일으켜 생긴 번뇌가 어느 날 소멸되고, 시비분별이 끊어지니 맨몸으로 씻은 듯 깨끗하다.

不見가

昔日에 灌谿和尙이 初參臨濟할새

濟見來코 便下繩床하야

驀胷擒住한댄

灌谿가 便云領領커이다

濟가 知其已徹하고 卽便推出하야

更無言句로 與之商量하니

當恁麼時하야

灌谿가 如何思量計較로 祇對得이리요.

보지 못했습니까?

옛날에 관계화상이 처음 임제臨齋 스님을 참배할 시

임제가 관계를 보고 바로 법상에서 내려가

가슴을 밀치고 잡아 주저앉혔다.

관계가 문득 말하기를 알았습니다.

임제는 이미 사무침을 알고 곧바로 밀어내고

다시는 언구言句에 대해 더불어 주고받음이 없으니,*

마땅히 이런 때가 된다면

관계는 어떤 사량계교로 대답할 수 있으리오.

*언구에 대해 더불어 주고받음이 없으니:

중생이 있으니 부처가 있었으나, 중생이 생각을 놓고 차별이 끊어
지니, 너와 내가 하나가 되었기에 서로 대화할 이유가 없어졌다.

古來에 幸有如此牓樣이어늘

如今人은 總不將爲事하고

只爲麤心이로다.

灌谿가 當初에

若有一點이나

待悟待證待休歇底心이

在前이런들 時에 莫道被擒住便悟하라.

옛날에 다행히 이 법도法度가 있거늘,*

지금 사람은 모두 일(법도)을 따르지 않고

다만 번뇌를 마음으로 삼음이로다.

관계는 마땅히 처음에

만약 한 생각을 일으켜 깨달음을 기다리고,

증득을 기다리고, 쉬기를 기다리는 마음이 있었던들,

과거에 주저앉힘을 당했을 시 바로 깨달았다 말하지 못하리라.

*이 법도法度가 있거늘:

　생각을 끊고 번뇌가 일어나지 않는 경지에 이르는 방법.

便是縛却手脚하고

遠四天下하야 抛一遭라도

也不能得悟하며 也不能得休歇하리라.

尋常에 計較安排底도 是識情이며

隨生死하야 遷流底도 亦是識情이며

怕怖悼惶底도 亦是識情이어늘

而今參學之人은 不知是病하고

只管在裏許하야 頭出頭沒하나니

教中에 所謂隨識而行不隨智라

以故로 昧却本地風光本來面目하나니

문득 도리어 손발을 얽어매고

사천하四天下*를 돌아서 한 번 만날지라도

또한 깨달을 수 없으며, 쉴 수 없으리라.

보통 때에 계교안배도 식정이며,

생사生死 따라 옮기고 흐름도 또한 식정이며,

두렵고 두려움도 식정이며,

지금 참선 배우는 사람은 이 병을 알지 못하고

다만 속에서 나고 들고 하나니,

경經 가운데 소위 식정識情*을 따르고

행동으로 지혜를 따르지 않느니

이런 까닭으로 도리어 본래경지(본마음)인 생각 일어나기 이전은
모른다.

*사천하:

수미산(인도 히말라야)을 중심으로 동서남북의 큰 땅덩어리.

*식정識情:

뜻으로 아는 것, 즉 생각.

若或一時라도 放得下하야

百不思量計較하면

忽然失脚하야 蹋着鼻孔하리니

卽此識情이 便是眞空妙智라.

更無別智可得이어니와

若別有所得하며

別有所證이면 則又却不是也리라.

만약 혹 일시에 생각을 놓고

모든 사량계교하지 않는다면

홀연 발이 빠지고(생각이 무너짐) 본지풍광*(근본마음)을 만나리라.

즉 이 식정(생각)이 문득 진공묘지(眞空妙智: 불생불멸)*라.

다시 따로 지혜를 득할 것이 없거니와

만약 따로 얻은 바 있고 따로 증득한 바 있다면

즉 또한 문득 옳지 않다.

*본지풍광:

비공(鼻孔: 콧구멍)을 비유하였고, 뻥 뚫려 있는 모습이며 최고의 깨
달은 경지이다. 홀연히 생각이 무너지고 근본마음을 만나면 평소의
생각들이 진공묘지(지혜)가 되어 태어남도 죽음도 없는 경지에 이
르게 된다.

*진공묘지:

우주와 같이 텅 비고 없는데,

묘하게 모든 것을 다하는 지혜 우리들 마음이네.

마음은 태어남도 죽음도 없다.

如人이 迷時에

喚東作西라가 及至悟時하야는

即西便是東이라. 無別有東이니라.

此眞空妙智가 與太虛空으로 齊壽하니

어떤 사람이 미혹할 때에

동東을 서西라고* 부르다가 깨달음에 이르니,

곧 서西가 문득 동東이라. 따로 동東이 있지 않다.

이 진공묘지*(불생불멸과 희로애락을 다 아는 지혜)는

큰 허공虛空과 더불어 수명을 같이한다.

*동東을 서西라고:

　우리들은 깨달음을 지니고 있으나, 어느 때 깨닫고 나면 원래 지니고 있는 것을 안다.

*진공묘지:

　우리들 마음도 생사에서 벗어난 경지에 있고, 우주에 허공과 수명이 동일하다. 번뇌 속에 살다가 깨달으면, 우주가 나요, 타인도 나요, 살아 움직이는 모든 것이 나인 것을 안다.

只遮太虛空中에 還有一物이

礙得他否아.

雖不受一物礙나

而不妨諸物이 於空中往來하나니

此眞空妙智도 亦然하야

生死凡聖垢染이 着一點不得이니

雖着不得이나

而不礙生死凡聖이 於中往來라.

다만 이 태허공太虛空 가운데 도리어 한 물건이 있음에

타他로부터 방해로움이 있느냐!

그리고 한 물건도 방해를 받지 않고,

모든 물건이 공중에 왕래함이 방해롭지 않으니,

이 진공묘지眞空妙智*도 또한 그러하여 생사범성生死凡聖에

더러운 오염이 한 점도 붙을 수 없으며,

또한 붙을 수 없으니

생사범성 가운데 왕래함이 방해 받지 않는다.

*진공묘지眞空妙智:

　참으로 비었으나 만사를 묘하게 아는 지혜로움.

　마음도 보고 듣고 다 아는 지혜작용을 한다. 그러나 비었기에 찾을 수 없다.

　태허공=진공묘지=마음은 동일하다.

如此信得及見得徹하며

方是箇出生入死에 得大自在底漢이라.

始與趙州放下着과 雲門須彌山으로

有少分相應이어니와

若信不及放不下인댄

却請擔取一座須彌山하야 到處行脚하야

遇明眼人하야 分明擧似하라. 一笑하노라.

이와 같이 믿음에 도달하면* 사무침을 보리라!

바야흐로 나고 죽는 것에 대자재大自在를 얻은 사람이다.

비로소 조주방하착과 운문수미산*으로

조금 상응함이 있으니,

만약 믿음이 미치지 못하고 내려놓지 못하면,

도리어 청하기를 한자리 수미산을 짊어지고* 도처到處를 다니며,

눈 밝은 사람을 만나 분명하게 들어 보여라! 한 번 웃는다.

*믿음에 도달하면:

　기준을 세워 생각을 앞에 두고, 유심·무심·언어·침묵으로 깨달을
　수 없고, 깨달음을 기다리고, 증득을 기다리고, 쉬기를 기다리는 마
　음이 없어야 한다. 또한 계교안배도 생각이고, 두렵고 두려움도 생
　각이다.

*조주방하착과 운문수미산:

　p.43 참조

*한자리 수미산을 짊어지고:

　대혜 스님 말에 믿음이 생기지 않고 자기 생각이 일어나면, 그 생각
　을 가지고 여기저기 다녀보라!

대혜 스님이 증시랑에게 답함 ②

그대가 몸이 부귀富貴에 있으되

부귀에 꺾이고 빠지지 않았으니

일찍 반야종지般若種智를 닦지 않았으면 어찌 능히 이와 같으리오.

다만 아쉬움은 중간에 도道 닦는 것을 잊고,

근기가 이롭고 총명함에 장애障碍되어서

마음에 얻은 바가 있어 앞에 두는 연고로

고인古人이 바로 끊는 길

한칼로 양쪽을 내어 바로 쉬지 못할까 염려됩니다.

이 병病은 현사대부(벼슬아치 선비)만 아니고,

오래 도道 닦은 스님도 또한 그러하여

대부분 뒷걸음하여 힘써 공부 짓는 것에 나아가지 않고,

다만 총명聰明 의식意式으로 계획하고,

비교하고 사량思量하며 밖으로 향해 달리듯 구한다면,

잠깐 지식을 듣고 총명한 의식과 계획하고 비교하며

밖을 향하여 근본 깨달음을 보이면서

다 바로 지나치고 옛 고덕으로부터

실법이 있어 사람에게 줌이 있다고 여깁니다.

조주방하착과 운문수미산 방법이 옳습니다.

암두 스님 말하기를, 물질을 벗어남이 수승함이고,

물질을 좇는 것이 부족한 사람이라 하였다.

또 대체적인 으뜸 되는 요점은 모름지기 의식이니,

어떤 것이 의식인가.

모든 것을 생각하지 않을 때를 바른 의식이라고 부르며,

또 높이 있다 하며 머무름을 얻었다 하며,

분명하고 또렷하며

이런 때에 깨달음에 이르게 됩니다.

이러한 때가 되어야, 일체 옳고 그른 모두를 파하니,

겨우 이렇다 하면 문득 이러한 것이 아니라

옳은 것도 버리고 그른 것도 버려야 하며

한 덩어리 불과 같아서

접근하면 바로 타는 것이라.

무슨 방향처가 있으리오.

오늘날 사대부가 다 사량계교思量計較로 굴집을 삼으며

어떤 말을 듣고 문득 말하기를

공空에 떨어지지 않을까 하지 말지니

비유하면 배가 뒤집어지지 않았는데,

먼저 스스로 물에 뛰어내리는 것과 같으며,

이는 참으로 가엾은 사람이다.

근래 강서江西에 이르러 여거인을 보니

거인이 마음의 도道 닦는 인연에 머문 것이 심甚히 오래되었는데,

또한 이 병이 깊은지라 그(여거인)가 어찌 총명하지 않겠습니까마는

나(대혜)에게 일찍 물었는데

공이 공空에 떨어질까 두려워하니,

능히 두려움을 느끼는 자는

공空을 아는 자야! 모르는 자야!

시험 삼아 도道를 보이시오.

그가 한참 생각하고 꾸며서 대답하거늘,

당시에 문득 할喝을 주니

바로 놀라며 앞뒤(선후)를 분별하지 못함이로다.

이는 대개 깨달음을 증득하기를 구하는 마음을 앞에 두기에

스스로 장애를 지음이요. 다른 일이 아니오.

공(그대)은 시험 삼아 이와 같이 공부지어

날이 오래되고 달이 깊어지면,

자연히 대나무가 딱 맞듯이 맷돌이 맞듯이 될 것입니다.

만약 마음으로 깨달음을 기다리고

마음으로 쉼을 기다리는 마음으로 참구한다면,

미륵이 사바세계에 올지라도 또한 깨달을 수 없고

쉴 수도 없으며 거듭 답답함을 더하리라.

평전화상이 말하기를 신비스런 빛은 어둡지 않고

만고萬古에 아름다움이니,

도道의 문에 들어오면 생각을 두지 말라하였고,

또 고덕이 도道 닦는 일은 말하기를

유심有心으로 구할 수 없고, 무심無心으로 구할 수 없으며,

언어言語로 지을 수 없으며, 침묵沈黙으로 통할 수 없음이라.

이 말은 가장 절박한 상황

진흙이나 물에 빠졌을 때에도 노파심의 말씀이거늘

종종 참선하는 사람은 다만 자연스럽게 생각을 놓치고

자못 이 깊은 도리道理를 자세히 관찰하지 않는다.

만약 의지意志와 믿음이 있으면

이런 이야기를 듣고 바로

신심信心과 의지를 가지고 한 번 끊음에

이 사로(유심·무심·언어·침묵)의 갈등을 절단한즉

생사生死의 길도 또한 단절되며,

범부와 성인의 길도 끊어지며,

계교사량도 끊어지며,

득실시비도 끊어지니,

본인이 맨몸을 씻은 듯이 깨끗하게 머문다면 허물이 없음이니

어찌 좋지 않고 어찌 기쁘지 않겠는가?

보지 못했습니까?

옛날에 관계화상이 처음 임제臨濟 스님을 참배할 시

임제가 관계를 보고 바로 법상에서 내려가

가슴을 밀치고 잡아 주저앉혔다.

관계가 문득 말하기를 알았습니다.

임제는 이미 사무침을 알고 곧바로 밀어내고

다시는 언구言句에 대해 더불어 주고받음이 없으니,

마땅히 이런 때가 된다면

관계는 어떤 사량계교로 대답할 수 있으리오.

옛날에 다행히 이 법도法度가 있거늘,
지금 사람은 모두 일(법도)을 따르지 않고
다만 번뇌를 마음으로 삼음이로다.
관계는 마땅히 처음에
만약 한 생각을 일으켜 깨달음을 기다리고,
증득을 기다리고, 쉬기를 기다리는 마음이 있었던들,
과거에 주저앉힘을 당했을 시 바로 깨달았다 말하지 못하리라.
문득 도리어 손발을 얽어매고
사천하四天下를 돌아서 한 번 만날지라도
또한 깨달을 수 없으며, 쉴 수 없으리라.
보통 때에 계교안배도 식정이며,
생사生死 따라 옮기고 흐름도 또한 식정이며,
두렵고 두려움도 식정이며,
지금 참선 배우는 사람은 이 병을 알지 못하고
다만 속에서 나고 들고 하나니,
경經 가운데 소위 식정識情을 따르고
행동으로 지혜를 따르지 않느니
이런 까닭으로 도리어 본래경지(본마음)인 생각 일어나기 이전은
모른다.

만약 혹 일시에 생각을 놓고

112

모든 사량계교 하지 않는다면

홀연 발이 빠지고(생각이 무너짐) 본지풍광(근본마음)을 만나리라.

즉 이 식정(생각)이 문득 진공묘지(眞空妙智: 불생불멸)라.

다시 따로 지혜를 득할 것이 없거니와

만약 따로 얻은 바 있고 따로 증득한 바 있다면

즉 또한 문득 옳지 않다.

어떤 사람이 미혹할 때에

동東을 서西라고 부르다가 깨달음에 이르니,

곧 서西가 문득 동東이라, 따로 동東이 있지 않다.

이 진공묘지(불생불멸과 희로애락을 다 아는 지혜)는

큰 허공虛空과 더불어 수명을 같이한다.

다만 이 태허공太虛空 가운데 도리어 한 물건이 있음에

타他로부터 방해로움이 있느냐!

그리고 한 물건도 방해를 받지 않고,

모든 물건이 공중에 왕래함이 방해롭지 않으니,

이 진공묘지도 또한 그러하여 생사범성生死凡聖에

더러운 오염이 한 점도 붙을 수 없으며,

또한 붙을 수 없으니

생사범성 가운데 왕래함이 방해받지 않는다.

이와 같이 믿음에 도달하면 사무침을 보리라!

바야흐로 나고 죽는 것에 대자재大自在를 얻은 사람이다.

비로소 조주방하착과 운문수미산으로

조금 상응함이 있으니,

만약 믿음이 미치지 못하고 내려놓지 못하면,

도리어 청하기를 한자리 수미산을 짊어지고 도처到處를 다니며,

눈 밝은 사람을 만나 분명하게 들어 보여라! 한 번 웃는다.

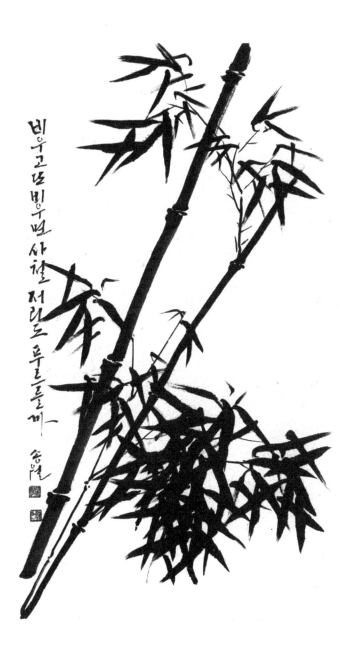

비우고또비우며사철저리도푸를들께

송련

4) 대혜 스님이 증시랑에게 답함 ③

老龐이 云但願空諸所有언정

切勿實諸所無라하니

只了得遮兩句하면 一生參學事畢이어늘

今時에 有一種剃頭外道가 自眼不明하고

只管敎人으로

死攭狟地休去歇去라하나니

若如此休歇인댄 到千佛出世라도

也休歇不得하야

轉使心頭로 迷悶耳니라.

방龐거사 이르되, 다만 원컨대 모든 있는 바를 공空으로 보고,*

간절히 모두 없는 바를 진실로 보지 말지니,*

이 양구兩句를 요득了得하면, 일생 참선 배우는 일을 마치거늘,

지금 한 종류 머리 자른 외도外道가 스스로 눈이 밝지 않고,

한결같이 사람으로 하여금

죽은 야생 짐승처럼* 쉬고 쉬어라 하는 사람이 있으니,

만약 이와 같이 쉬고 쉰다면, 천불千佛이 세상에 오시더라도,

또한 쉴 수 없으며

더욱 마음으로 하여금 답답하게 할 뿐*이다.

*모든 있는 바를 공空으로 보고:

우리 눈에 보이는 만물은 인연으로 보이는 허깨비이다.

*없는 바를 진실로 보지 말지니:

깨달음은 배워서 얻을 수 없다. 이미 내 안에 갖추어져 있다. 길을
모르니 방편으로 의지할 뿐이다.

*죽은 야생 짐승처럼:

앉아서 오랫동안 화두를 들고 근본자성을 증득하고자 하는 사람이
나, 가르치는 스승은 죽은 야생 짐승으로 비유했다.

*하여금 답답할 뿐:

현생에 육정으로 일어나는 감정은 과거에 신구의身口意로 습관종자
를 만들어 놓은 것이 현재 번뇌로 일어나는 것으로, 앉아서 화두를
들고 누른다면 더욱더 답답하여 열이 위로 올라오니 육신과 정신
적으로 고통이 생긴다.

又教人으로 隨緣管帶하야
忘情默照라하나니
照來照去하며 帶來帶去에
轉加迷悶이라 無有了期하리니
殊失祖師方便하고
錯指示人하야 教人으로
一向에 虛生浪死로다.

또 사람을 가르치기를, 인연 따라 간직하며
허망한 뜻으로 묵묵히 비추라* 하나니,
비추고 비추며 간직하고 간직함에
더욱더 답답하여 요달할 기약이 없으리니,
진실로 조사방편*을 잊고,
그릇되게 사람을 가르쳐 사람으로 하여금
한결같이 헛되이 물거품이 일어났다가 사라지게 함이로다.

*허망한 뜻으로 묵묵히 비추라:

인연 따라 화두를 들고 묵묵히 참구하라는 뜻이지만, 화두는 스승
으로부터 받을 수 있으나 근기가 되어야 한다. 어느 때 스스로 알지
만 알 수 없는 의심이 일어날 때 화광반조回光反照하여 돌이켜 찾는
것이 수승함이로다.

*조사방편:

여기서는 방거사 이르기를, 있는 것을 공으로 보고, 없는 것을 진실
하다고 여기지 말라.

更教人으로 是事를 莫管하고
但只恁麽歇去하라.
歇得來에 情念不生하리니
到恁麽時하야 不是冥然無知라
直是惺惺歷歷이라하나
遮般底는 更是毒害로
瞎却人眼이라 不是小事로다.

다시 사람을 가르치기를, 이 일(죽고 살고 오고 가고)을 관계하지
말고,
다만 이렇게 쉬어라!*
쉴 적에 뜻과 생각을 내지 않으면,*
이러한 때 이르러 캄캄하게 알지 못하는 것이 아니라,
바로 분명分明하고 역력하리니,*
이러한 자는 다시 이 독(쉬고 쉬어라)으로
사람 눈을 멀게 하는 해가 되니, 작은 일이 아니로다.

*이렇게 쉬어라:

　일상생활 속에서 쉬는 공부를 해야 하는데, 조용히 앉아서 화두를 들고 쉬어라!

*뜻과 생각을 내지 않으면:

　과거 종자가 인연 따라 일어나 닦을 수 있도록 보여주는 데 비유하면, 풀을 돌로 누르듯 하면 일시적으로 고요한 것 같지만, 나중에 옆으로 나오게 된다. 역시 생각을 감정으로 누르면 일시적으로 조용하지만, 어느 때 또 일어난다.

*분명하고 역력하리라:

　일어나는 감정을 화두로 누르면, 일시적으로 고요한 것 같으나 더욱더 감정이 쌓이면, 비유하면 용수철을 누른 것처럼 나중에 크게 폭발하게 되므로, 감정도 화두로 누르는 것이 아니라 참회로 닦아야 바른 수행이다.

　감정을 강제로 누르다가 잠시 고요하게 될 때 분명하고 신령스러운 느낌을 깨달음이라 여긴다.

雲門은 尋常에 見此輩하고
不把做人看待호라.
彼旣自眼이 不明이라.
只管將冊子上語하야
依樣敎人하나니
遮箇作麽生敎得이리요
若信着遮般底인댄
永劫에 參不得하리라.

운문(대혜)은 평상시에 이 무리를 보고
공부하는 사람으로 인정하지 않았노라!
저 사람은 자기 눈이 밝지 않아 한결같이
책자상의 말을 가지고,*
본보기로 의지하여 사람을 가르치나니,*
이들이 어떻게 가르칠 수 있으리오.
만약 이것을 믿고 집착하는 자는
영겁(오랜 세월)에 깨달을 수 없으리라.

*책자상의 말을 가지고:

경전이나 선지식의 말씀을 앵무새처럼 반복하는 행위.

*본보기로 의지하여 사람을 가르치나니:

자기가 수행하여 증득한 것이 아니며, 보고 들은 것을 기준으로 하
여 사람을 가르치다.

雲門도 尋常에

不是不教人으로 坐禪호대 向靜處做工夫언만은

此是應病與藥이라.

實無恁麽指示人處호라.

不見가 黃檗和尚이 云호대

我此禪宗은 從上相承以來로

不曾教人으로 求知求解하고

只云學道라하나니

早是接引之詞나

然이나 道亦不可學이라.

情存學道하면 却成迷道라.

운문도 평상시에 사람에게 좌선하여

조용하게 공부 짓도록 가르치지 않은 것은 아니건마는

이것은 병病에 따라 약을 준 것*이다.

진실로 그렇게 사람을 가르친 것은 아니다.

보지 못했는가? 황벽화상이 이르되

나의 이 선종禪宗은 과거부터 지금까지

일찍이 사람을 가르쳐 지혜를 구한 것이 아니고,

다만 도道를 배우라고 이른 것은

일찍이 사람이 영접迎接하고 인도引導하는* 말이나,

그러나 도道 또한 배울 수 없음이라.*

뜻을 두어 도를 배운다면 도리어 미혹한 도를 이루리라.

124

*병病에 따라 약을 준 것:

　사람에게 조용히 앉아 좌선하도록 가르친 것은 헐떡거림을 진정시
키기 위해 방편으로 시킨 것이다.

*영접迎接하고 인도引導하는:

　사물을 보고 있는 대로 관찰하는 지혜를 넓히기 위한 것이나, 도道를
배우라고 이른 것은 사람을 인도하여 성숙시키기 위한 방편이다.

*도道 또한 배울 수 없음이라:

　도道는 배워서 아는 것이 아니라, 집착을 놓으면 이미 지니고 있는
것이 드러난다.

道無方所가 名大乘心이니

此心은 不在內外中間하야 實無方所니

第一에 不得作知解어다.

只是說汝而今情量處로 爲道니

情量이 若盡하면 心無方所니라.

도道는 방소(방향)가 없는 것을 이름하여 대승심大乘心*이라 한다.

이 마음은 내외內外 중간에도 없고, 실로 방소가 없으니,

제일이 되는 것은 생각으로 지어 얻을 수 없다.

다만 이 말은 그대가 지금 생각하는 것*을 도道로 삼으니

생각이 다하면 마음에 방소가 없으리라.

*대승심:

처음의 불교는 자기만 깨치면 그만이라는 수행을 하였으나, 나중에 대승불교가 일어나 자기 밖에 모르는 소승불교를 비판하였다. 소승에 있으면서 남을 이롭게 하고 자신도 깨치면 대승심이고, 대승에 있으면서 자비로 남을 이롭게 하지 않고 자신만 깨치면 그만이라는 사람은 소승심이다.

*생각하는 것을 도道로 삼으니:

이런저런 생각과 배워서 아는 지식을 도道라고 여기다가, 어느 날 생각과 아는 지식이 허망한 것을 알고 놓으니, 만물 그대로가 도道이더라.

此道는 天眞하야 本無名字어늘
只爲世人이 不識하야 迷在情中일세
所以로 諸佛이 出來하야 說破此事하사대
恐爾不了하야
權立道名하시나
不可守名而生解也니라.

이 도道는 하늘처럼 진실하여 본래 이름이 없습니다.
다만 세상 사람이 알지 못하고 미혹하게 생각 가운데 있음일세!
그러므로 모든 부처님이 세상에 출현하여 이 일을* 설하시되
그대가 두려워하고 알지 못하므로
방편을 세워 도道라고 하였으나,
도道를 지키지 못하고* 견해見解를 내는 것입니다.

*부처님이 세상에 출현하여 이 일을:

생각에 빠져서 고뇌하니, 생각 놓는 방편을 설하여 그곳에서 나오게 하여 생사生死의 고뇌에서 벗어나게 함이다.

*도道를 지키지 못하고:

생각이 도道라고 잘못 본 어리석음으로 인하여, 자기 주관 때문에 도道로 살지 못하고 중생으로 살아간다.

前來所說에 瞎眼漢의

錯指示人은 皆是認魚目로

作明珠하야 守名而生解者니

敎人管帶*는

此是守目前鑑覺而生解者요

앞에서 설한 바 눈먼 사람이*

그릇되게 모든 고기 눈알을 잘못 보고 사람에게 가르치기를

밝은 구슬이라 이름을 지어 견해를 내니,

사람들로 하여금 매이게 하는 것은

이것은 목전감각*을 지켜 견해를 내도록 하는 것이다.

*눈먼 사람이:

  조용히 앉아서 쉬고 쉬어라 하고 가르치는 사람과 배우는 사람은
  고기 눈알을 밝은 구슬로 잘못 알고 집착하니 어리석게 된다.

*관대管帶:

  대나무로 만든 띠를 허리에 차다. 즉 무엇에 매이게 한다는 뜻이다.

*목전감각:

  눈앞에 보이는 느낌을 내 안의 허물로 보지 못한다는 말.

教人으로 硬休去歇去는

此是守忘懷空寂而生解者요

歇到無覺無知하면

如土木瓦石相似하리니

當恁麼時하면 不是冥然無知라함은

又是錯認方便解縛語而生解者요

사람으로 하여금 굳게 쉬고 쉬어라 하는

이것은 생각을 잊고 공적空寂을* 지키는 견해見解를 내는 자요,

쉬게 되어서 아는 것도 없고 깨달음도 없는 데 이르면

흙·나무·기와·돌 같으니,*

이러한 때 당하면 캄캄하게 알지 못하는 것이 아니다 함은

또 방편으로 묶고 풀어 주는* 말을 잘못 인식하여 견해를 내는 자요.

*생각을 잊고 공적空寂을:

앉아서 생각이 일어나는 것을 화두로 눌러 허공같이 고요한 것을
깨달음이라 가르치는 것.

*흙·나무·기와·돌 같으니:

앉아서 화두로 눌러 고요하게 된 일시적 상태에서 흙, 나무, 기와,
돌 등의 모든 것은 도道에 들어가 무심無心에서 보는 것과 같으나,
평상심으로 돌아가면 모든 것은 유심에서 보는 생각이 만든 의식
이다.

*방편으로 묶고 풀어 주는:

일시적으로 진정시키기 위한 방편이다. 그것을 진실로 삼는 것은
어리석음이다.

教人으로 隨緣照顧하고

莫教惡覺現前이라하나니

遮箇는 又是認着髑髏情識*而生解者요

教人으로 但放曠하야

任其自在하고 莫管生心動念이니

念起念滅이 本無實體라

若執爲實하면 則生死心生矣라하나니

사람으로 하여금 인연 따라 비추어 돌아보고

앞에 나타난 것을 느끼고 잘못이라 말하지 말라 하니

이런 이들은 또 8식 경계를 잘못 집착하여 견해를 낸 자요.

사람으로 하여금 다만 빛을 놓아 그 자재함에 임하게 하고*

마음 일어남과 생각의 움직임을 관계하지 말고,

생각의 일어남과 멸함은 본래 실체가 없으니,

만약 실實이라 집착*한다면 곧 생사심이 생기게 됩니다.

*촉루:

해골(머리 부분).

*촉루정식:

근본이 되는 정식은 8식이다.

*빛을 놓아 자재함에 임하게 하고:

자기 주관의 논리를 놓으면 생각이 끊어지기에, 이때 생각이 끊어
지면 내 안에 간직하고 있는 자성의 빛이 드러난다. 이 빛으로 사물
을 그대로 보아라.

*실이라 집착:

인연 따라 과거 습관이 생각으로 일어나지만, 본래 실체가 없는데
실實이라 집착하여 생긴 습관종자를 소멸하기 위해 참회하면 생사
生死에서 벗어난다.

遮箇는 又是守自然體하야
爲究竟法而生解者라.
如上諸病은
非干學道人事요
皆由瞎眼宗師의 錯指示耳니라.

이런 이들은* 또 스스로 그러한 몸을 지켜
높은 법으로 삼아 견해를 낸 자이다.
이와 같은 모든 병病은
도道를 배우는 사람이 일을 만든 것이 아니라,
모든 눈먼 종사宗師가 잘못 가르친* 것이 이유니라.

*이들은:

실實이라 집착하여 생사심이 생기는 사람.

*눈먼 종사宗師가 잘못 가르친:

인연으로 보이는 사물은 실實이 아닌데, 스승이 잘못 가르쳐 진실로 보게 되는 어리석음으로 인하여 도道를 배우는 사람이 미혹하게 된다.

公이 旣淸淨自居하야

存一片眞實堅固向道之心하이

莫管工夫純一不純一하고

但莫於古人言句上에

只管如疊塔子相似하야

一層了고 又一層이니

枉用工夫하면 無有了期하리라.

但只存心於一處하며 無有不得底하라.

時節因緣이 到來하면

自然築着磕着하야 嚗地省去耳리라.

공(증시랑)이 이미 청정하게 스스로 있고

하나의 진실 견고한 도를 향하는 마음이 있으니

공부의 순일純一, 불순일 함에 관계하지 말고,

다만 고인古人의 언구상에

한결같이 탑을 쌓는 것같이

한 층 마치고 또 한 층 하듯이 말라.

그릇되게 공부하면 요달할 기약이 없으리라.

다만 마음을 일처一處*에 두면 얻지 못함이 없으리니,

시절인연이 도래到來하면 자연히 대나무, 맷돌 맞듯이

아! 하고 깨달으리라.

*일처一處:

  생각과 의식이 없는 고요한 상태.

  한 생각이 일어날 때 그 종자가 어디서 왔는가? 내 안으로 회광반
  조하여 보면 번뇌가 사라지게 된다. 이렇게 오래 하면, "아!" 하는
  날이 올 것이다.

不起一念이 還有過也無엇가.

云須彌山이니라

一物도 不將來時如何닛고 云放下着하라하니

遮裏에 疑不破어든

只在遮裏參이언정 更不必自生枝葉也니라.

若信得雲門及인댄 但恁麼參이언정

別無佛法指似人이니라.

若信不及인댄 一任江北江南問王老하야

一狐疑了一狐疑하노라.

한 생각 일으키지 않는데 도리어 허물이 있습니까, 없습니까?

수미산이라 이르니,

한 물건도 가져오지 않았는데 무엇을 놓으라 하십니까?

여기에 의심疑心을 파破하지 못하면*

다만 이 속에서 참구參究하지 다시 스스로 딴생각을 내지 말라.

만약 운문(대혜)을 믿는다면 다만 이렇게 참구할 것이지,

따로 불법을 사람에게 가르침이 없습니다.*

만약 운문을 믿지 못한다면 마음대로 강북과 강남 선지식에게 물어서

한 번 여우의 의심을 마치고 또 한 번 여우의 의심을 하십시오.

140

*의심疑心을 파破하지 못하면:

　지금 이럴까 저럴까 하는 생각을 놓아야 한다.

　의심: ① 모르는 의심(거짓의심)

　　　　② 알지만 알 수 없는 의심(참의심)

*따로 불법을 사람에게 가르침이 없다:

　"놓아라" 하는, 의심을 타파하라 이외의 다른 가르침은 없다. 한 생
각이 일어나는 것을 파破하라는 뜻은 알겠는데, 현실에서는 사물을
따라가니 그 습관종자를 소멸하기 위해 부끄러움으로 참회하면, 어
느 날 스스로 놓는 데 이르니라.

대혜 스님이 증시랑에게 답함 ③

방龐거사 이르되 다만, 원컨대 모든 있는 바를 공空으로 보고,

간절히 모두 없는 바를 진실로 보지 말지니,

이 양구兩句를 요득了得하면, 일생 참선 배우는 일을 마치거늘,

지금에 한 종류 머리 자른 외도外道가 스스로 눈이 밝지 않고,

한결같이 사람으로 하여금

죽은 야생 짐승처럼 쉬고 쉬어라 하는 사람이 있으니,

만약 이와 같이 쉬고 쉰다면, 천불千佛이 세상에 오시더라도,

또한 쉴 수 없으며

더욱 마음으로 하여금 답답하게 할 뿐이다.

또 사람을 가르치기를, 인연 따라 간직하며

허망한 뜻으로 묵묵히 비추라 하나니,

비추고 비추며 간직하고 간직함에

더욱더 답답하여 요달할 기약이 없으리니,

진실로 조사방편을 잊고,

그릇되게 사람을 가르쳐 사람으로 하여금

한결같이 헛되이 물거품이 일어났다가 사라짐이로다.

다시 사람을 가르치기를, 이 일(죽고 살고 오고 가고)을 관계하지 말고,

다만 이렇게 쉬어라!

쉴 적에 뜻과 생각을 내지 않으면,

이러한 때 이르러 캄캄하게 알지 못하는 것이 아니라,

바로 분명分明하고 역력하리니,

이러한 자는 다시 이 독(쉬고 쉬어라)으로

사람 눈을 멀게 하는 해가 되니, 작은 일이 아니로다.

운문(대혜)은 평상시에 이 무리를 보고

공부하는 사람으로 인정하지 않았노라!

저 사람은 자기 눈이 밝지 않아 한결같이

책자상의 말을 가지고,

본보기로 의지하여 사람을 가르치나니,

이들이 어떻게 가르칠 수 있으리오.

만약 이것을 믿고 집착하는 자는

영겁(오랜 세월)에 깨달을 수 없으리라.

운문도 평상시에 사람에게 좌선하여

조용하게 공부 짓도록 가르치지 않은 것은 아니건마는

이것은 병病에 따라 약을 준 것이다.

진실로 그렇게 사람을 가르친 것은 아니다.

보지 못했는가? 황벽화상이 이르되

나의 이 선종禪宗은 과거부터 지금까지

일찍이 사람을 가르쳐 지혜를 구한 것이 아니고,

다만 도道를 배우라고 이른 것은

일찍이 사람이 영접迎接하고 인도引導하는 말이나,

그러나 도道 또한 배울 수 없음이라.

뜻을 두어 도를 배운다면 도리어 미혹한 도를 이루리라.

도道는 방소(방향)가 없는 것을 이름하여 대승심大乘心이라 한다.

이 마음은 내외內外 중간에도 없고, 실로 방소가 없으니,

제일이 되는 것은 생각으로 지어 얻을 수 없다.

다만 이 말은 그대가 지금 생각하는 것을 도道로 삼으니

생각이 다하면 마음에 방소가 없으리라.

이 도道는 하늘처럼 진실하여 본래 이름이 없습니다.

다만 세상 사람이 알지 못하고 미혹하게 생각 가운데 있음일세!

그러므로 모든 부처님이 세상에 출현하여 이 일을 설하시되

그대가 두려워하고 알지 못하므로

방편을 세워 도道라고 하였으나,

도道를 지키지 못하고 견해見解를 내는 것입니다.

앞에서 설한 바 눈먼 사람이

그릇되게 모든 고기 눈알을 잘못 보고 사람에게 가르치기를

밝은 구슬이라 이름을 지어 견해를 내니,

사람들로 하여금 매이게 하는 것은

이것은 목전감각을 지켜 견해를 내도록 하는 것이다.

사람으로 하여금 굳게 쉬고 쉬어라 하는

이것은 생각을 잊고 공적空寂을 지키는 견해見解를 내는 자요.

쉬게 되어서 아는 것도 없고 깨달음도 없는 데 이르면

흙·나무·기와·돌 같으니,

이러한 때 당하면 캄캄하게 알지 못하는 것이 아니다 함은

또 방편으로 묶고 풀어 주는 말을 잘못 인식하여 견해를 내는 자요.

사람으로 하여금 인연 따라 비추어 돌아보고
앞에 나타난 것을 느끼고 잘못이라 말하지 말라 하니
이런 이들은 또 8식 경계를 잘못 집착하여 견해를 낸 자요.
사람으로 하여금 다만 빛을 놓아 그 자재함에 임하게 하고
마음 일어남과 생각의 움직임을 관계하지 말고,
생각의 일어남과 멸함은 본래 실체가 없으니,
만약 실實이라 집착한다면 곧 생사심이 생기게 됩니다.
이런 이들은 또 스스로 그러한 몸을 지켜
높은 법으로 삼아 견해를 낸 자이다.
이와 같은 모든 병病은
도道를 배우는 사람이 일을 만든 것이 아니라,
모든 눈먼 종사宗師가 잘못 가르친 것이 이유니라.

공(증시랑)이 이미 청정하게 스스로 있고
하나의 진실 견고한 도를 향하는 마음이 있으니
공부의 순일純一, 불순일 함에 관계하지 말고,
다만 고인古人의 언구상에
한결같이 탑을 쌓는 것같이
한 층 마치고 또 한 층 하듯이 말라.
그릇되게 공부하면 요달할 기약이 없으리라.
다만 마음을 일처一處에 두면 얻지 못함이 없으리니,
시절인연이 도래到來하면 자연히 대나무, 맷돌 맞듯이
아! 하고 깨달으리라.

한 생각 일으키지 않는데 도리어 허물이 있습니까, 없습니까?

수미산이라 이르니,

한 물건도 가져오지 않았는데 무엇을 놓으라 하십니까?

여기에 의심疑心을 파破하지 못하면

다만 이 속에서 참구參究하지 다시 스스로 딴생각을 내지 말라.

만약 운문(대혜)을 믿는다면 다만 이렇게 참구할 것이지,

따로 불법을 사람에게 가르침이 없습니다.

만약 운문을 믿지 못한다면 마음대로 강북과 강남 선지식에게 물어서

한 번 여우의 의심을 마치고 또 한 번 여우의 의심을 하십시오.

잠들지마라
악몽은
저절로 사라진다

5) 대혜 스님이 증시랑에게 답함 ④

細讀來書코사
乃知四威儀中에 無時間斷하야
不爲公冗의 所奪하고
於急流中의 常自猛省하야
殊不放逸하고 道心이
愈久愈堅固호니 深愜鄙懷로다
然이나 世間塵勞는 如火熾然커니
何時是了리요

보내온 글 자세히 읽어보고
이에 행주좌와行住坐臥 가운데 시간 사이가 끊어짐 없이
공무公務로 빼앗김이 없고,
삶의 흐름 가운데 항상 스스로 용맹스럽게 살펴서
참으로 방일하지 않고 도道 닦는 마음이
더욱 오래 견고하니, 생각의 깊이가 심甚히 쾌활함이로다.
그러나 세간번뇌는 불타는 것과 같으니,*
어느 때 요달하리오.

*세간번뇌는 불타는 것과 같으니:

　육근으로 순간순간 일어나는 감정과 느낌은 불같이 타오르고 있으니, 이 번뇌를 소멸시키지 않으면 깨달을 수 없는데 그래서 방법을 제시하겠소.

正在鬧中하야

不得忘却竹倚蒲團上事니

平昔에 留心靜勝處는

正要鬧中用이라.

若鬧中에 不得力이면

却似不曾在靜中做工夫로 一般이리라.

承호니 有前緣이 駁雜하야

今受此報之歎이라하니 獨不敢聞命이로다.

若動此念이면 則障道矣라.

정히 시끄러운 데 있으면서

도리어 대나무 좌선기구 위의 일 잊지 않고,*

보통 때에 마음이 고요함이 수승한 곳에 머무는 것은

정히 시끄러운 가운데 쓰고자 함이라,

만약 시끄러운 가운데 힘 얻지 못하면,

도리어 일찍 고요한 가운데 공부 짓지 못한 것과 같이 일반이리라!

받으니 과거의 복잡함이 있어

금일 이 과보果報를 받는다고 탄식하니,

이것만은 감히 듣기가 거북함이로다.*

만약 이 생각을 일으키면, 곧 도에 장애障碍됨이라.

*대나무 좌선기구 위의 일 잊지 않고:

시끄러운 삶 가운데에서도 고요한 곳에 앉아서 수행하듯이 생각을 고요하게 만드는 행위.

*이것만은 감히 듣기가 거북함이로다:

죄무자성종심기罪無自性從心起라, "죄는 자성이 없고 마음 따라 일어난다"고 하였다. 과거의 복잡함이 있어 과보를 받는다고 하는 생각이 도道로 들어감에 장애가 되기 때문이다.

古德이 云隨流認得性하면

無喜亦無憂라하며

淨名이 云譬如高原陸地에 不生蓮花하고

卑濕淤泥에 乃生此花라하며

老胡云하대 眞如는 不守自性하야

隨緣成就 一切事法라하며

又云隨緣赴感靡不周하나

而常處此菩提座라하시니 豈欺人哉시리요.

고덕께서 이르되, 흐름 따라 성품을 알면*

기쁨도 없고 또한 근심도 없으며,

정명淨名이 이르되, 비유하면 고원 육지에 연꽃이 피지 않고,*

낮고 습한 진흙에 연꽃이 생기는 것과 같으며,

노호가 이르되, 진여는 스스로 성품을 지키지 않고,

인연 따라 일체사一切事 법을 성취하며,*

또 이르되, 인연 따라 감정의 일어나고 가라앉음이 고르지 않으나

항상 이 보리 좌座에* 처하시니 어찌 사람을 속이리오.

*흐름 따라 성품을 알면:

만물의 근본은 고요하고 청정한 성품을 지니고 있다. 내가 그대로 보고 알면 기쁨도 없고 근심도 없다.

*고원 육지에 연꽃이 피지 않고:

고요하고 평범한 생활에는 깨달음이 없거나 미미하고, 시끄럽고 혼란스런 생활에서 돌이키면 깨달음이 있거나 크게 일어난다.

*인연 따라 일체사―切事 법을 성취하며:

인연 따라 나타난 경계를 있는 대로 정확히 보고 아는 것.

*이 보리 좌座에:

항상 고요한 가운데 생각이 머물기에 바라는 것도 원하는 것도 없으며, 지혜 빛으로 세상을 보나니 어찌 사람을 속일 수 있겠는가?

若以靜處로 爲是하고 鬧處로 爲非인댄

則是壞世間相하고 而求實相이며

離生滅하고 而求寂滅이라.

好靜惡鬧時에 正好着力이니

驀然鬧裏에 撞飜靜時消息하면

其力이 能勝竹倚蒲團上의 千萬億倍리라.

만약 고요한 곳으로 옳음을 삼고 시끄러운 곳으로 그름을 삼으면,

즉 세간상相을 떠나서 진실상을 구함이며,

생멸生滅*을 떠나고 적멸寂滅을 구함이다.

고요함을 좋아하고 시끄러움을 싫어할* 때에 바로 좋게 힘쓰면,

문득 시끄러운 속에서 고요한 때 소식을 한 번* 이루게 되어

그 힘이 대나무 좌선기구 위보다 천만억 배 수승하리라.

*생멸生滅:

태어남은 좋아하고 죽음은 싫어하면서 열반을 얻을 수 없고, 한 생
각 일어남이 생生이고 일어난 생각이 사라지는 것이 사死이기에, 이
런 이치를 증득하여 한 생각에 매이지 않으면 적멸이다. 시끄러운
삶 속에서 생각을 고요하게 만드는 것이 적멸이다.

*고요함을 좋아하고 시끄러움을 싫어할 :

참선하면 고요하니 좋아하고, 일상생활 속은 시끄러우니 싫어함.

*시끄러운 속에서 고요한 때 소식을 한 번:

"번뇌 즉 보리"라는 것은 시끄러운 생활 속에서 일어나는 감정과
느낌을 과거의 내 허물로 보게 되면, 아무리 힘들고 괴로워도 웃음
만 생긴다. 이럴 때 고요한 소식을 한 번 이룬 것이다.

但相聽하라 決不相誤니라.

又承호니 以老龐兩句로

爲行住坐臥之銘箴이라하니

善不可加로다.

若正鬧時에 生厭惡하면

則乃是自擾其心耳라.

若動念時어든 只以老龐兩句로 提撕하면

便是熱時에 一服淸凉散也리라.

다만 자세히 들으시오. 결정적으로 속인 것이 아니라,

또 들으니 노방양구*로

행주좌와의 마음에 새긴다 하니

좋은 것을 더함이 없음이로다.

만약 바로 시끄러울 그때에 싫어함*을 낸즉

스스로 그 마음이 요란할 뿐이다.

만약 생각을 움직일 때 다만 노방양구로 제시하면

문득 열이 날 때 한 번 청량산을 복용한 것이리라!

*노방양구(방거사의 두 가지 말씀):

①물질이 보이는 것에 실이라 집착하지 말고, ②없는 것을 구하지 말라(해탈, 깨달음). 수행첨부: 과거에 심은 종자가 일어날 때 참회 하라.

*고요하고, 시끄러울 때에 싫어함:

경계를 접하고 고요하다 시끄럽다 하는 것은 내 안의 세계에서 분별 차별하여 보는 관점이지, 경계는 인연으로 보이는 허깨비이다.

公이 具決定信하니 是大智慧人이라.

久做靜中工夫일새

方敢說遮般話어니와

於他人分上에는 則不可니

若向業識이 茫茫한

增上慢人前하야 如此說인댄

乃是添他惡業擔子리라.

禪門의 種種病痛은

已具前書호니 不識커라.

曾子細理會否아.

공이 결정적 믿음*을 갖추니 이는 큰 지혜인이라.

오래 고요한 가운데 공부 지어

비로소 감히 지혜로움 설하니,

다른 사람의 입장에는 즉 옳지 않을 것이니

만약 번뇌(생각)가 이어지는

증상만 사람에게 이 말을 설하면,

이는 타인 악업 종자를 더하리라.*

선문禪門의 종종병통은

이미 전서前書에 갖추었으니 모르겠다.

일찍이 자세히 이해하느냐?

***결정적 믿음**(決定信):

이 몸은 인연으로 있으니 집착할 것이 없고, 중생이 아니라 근본은 부처라고 믿는 것.

***타인 악업 종자를 더하리라:**

아직 생각과 의식이 어지러운 증상만에게 전하면, 분별차별을 일으켜 악업 종자를 만들게 된다.

대혜 스님이 증시랑에게 답함 ④

보내온 글 자세히 읽어보고
이에 행주좌와行住坐臥 가운데 시간 사이가 끊어짐 없이
공무公務로 빼앗김이 없고,
삶의 흐름 가운데 항상 스스로 용맹스럽게 살펴서
참으로 방일하지 않고 도道 닦는 마음이
더욱 오래고 견고하니, 생각의 깊이가 심甚히 쾌활함이로다.
그러나 세간번뇌는 불타는 것과 같으니,
어느 때 요달하리오.
정당 시끄러운 데 있으면서
도리어 대나무 좌선기구 위의 일 잊지 않고,
보통 때에 마음이 고요함이 수승한 곳에 머무는 것은
정이 시끄러운 가운데 쓰고자 함이라,
만약 시끄러운 가운데 힘 얻지 못하면,
도리어 일찍 고요한 가운데 공부 짓지 못한 것과 같이 일반이리라!
받으니 과거에 복잡함이 있어
금일 이 과보果報를 받는다고 탄식하니,
이것만은 감히 듣기가 거북함이로다.
만약 이 생각을 일으키면, 곧 도에 장애障碍됨이라.

고덕께서 이르되, 흐름 따라 성품을 알면
기쁨도 없고 또한 근심도 없으며,

정명淨名이 이르되, 비유하면 고원 육지에 연꽃이 피지 않고,

낮고 습한 진흙에 연꽃이 생기는 것과 같으며,

노호가 이르되, 진여는 스스로 성품을 지키지 않고,

인연 따라 일체사一切事 법을 성취하며,

또 이르되, 인연 따라 감정의 일어나고 가라앉음이 고르지 않으나

항상 이 보리 좌座에 처하시니 어찌 사람을 속이리오.

만약 고요한 곳으로 옳음을 삼고 시끄러운 곳으로 그름을 삼으면,

즉 세간상相을 떠나서 진실상을 구함이며,

생멸生滅을 떠나고 적멸寂滅을 구함이다.

고요함을 좋아하고 시끄러움을 싫어할 때에 바로 좋게 힘쓰면,

문득 시끄러운 속에서 고요한 때 소식을 한 번 이루게 되어

그 힘이 대나무 좌선기구 위보다 천만억 배 수승하리라.

다만 자세히 들으시오. 결정적으로 속인 것이 아니라,

또 들으니 노방양구로

행주좌와의 마음에 새긴다 하니

좋은 것을 더함이 없음이로다.

만약 바로 시끄러울 그때에 싫어함을 낸즉

스스로 그 마음이 요란할 뿐이다.

만약 생각을 움직일 때 다만 노방양구로 제시하면

문득 열이 날 때 한 번 청량산을 복용한 것이리라!

공이 결정적 믿음을 갖추니 이는 큰 지혜인이라.

오래 고요한 가운데 공부 지어 비로소 감히 지혜로움 설하니,

다른 사람의 입장에는 즉 옳지 않을 것이니
만약 번뇌(생각)가 이어지는
증상만 사람에게 이 말을 설하면,
이는 타인 악업 종자를 더하리라.
선문禪門의 종종병통은
이미 전서前書에 갖추었으니 모르겠다.
일찍이 자세히 이해하느냐?

꽃망이란
티끌속에
지혜는
묻히고
왔다

6) 대혜 스님이 증시랑에게 답함 ⑤

承諭호니 外息諸緣하고
內心無喘이라서 可以入道는
是方便門이라 借方便門하야
以入道則可어니와
守方便而不捨하면 則爲病이라하니
誠如來語라.

편지 받으니 밖으로 모든 인연을 쉬고[*]
내적으로 마음에 헐떡거림이 없다 하니,[*] 도에 들 수 있을 것이오.
이는 방편문이라 방편문을 빌려서
도道에 드는 즉 옳거니와
방편을 지켜 버리지 않는 즉 병病이라 하니,[*]
정성스럽게 보내온 말과 같습니다.

*밖으로 모든 인연을 쉬고:

육근으로 느껴지는 감정은 과거의 내가 심은 습관종자로 보기에,
생각 일으켜 달려갈 이유가 없음이다.

*내적으로 마음에 헐떡거림이 없다 하니:

잠재된 의식이 일어나는 것도 내 종자이므로 생각 일으켜 분별하
지 않으니 조용할 수 있다.

*병病이라 하니:

경전과 선지식의 말씀은 진리이므로 모두 진실하고 옳은 것이다.
이 진리는 목적을 달성하기 위해 가는 길을 일러주는 방편인데,
본인이 증득한 것이라 여기고 그 방편에 집착하여 매이니 병이 생
긴다.

山野가 讀之에
不勝歡喜踊躍之至호라.
今諸方漆桶輩는
只爲守方便而不捨하야
以實法으로 指示人이라하나니
以故로 瞎人眼이 不少로다.

산야(대혜)가 읽음에
환희와 몸의 기쁨이 지극함을 이기지 못하노라.
지금 모든 곳에서 따라하는 사람*이
다만 방편을 지키고 버리지 않고,
실법으로 삼고 사람에게 가르친다 하니,
그러므로 사람 눈멀게 함이 적지 않음이로다.

*모든 곳에서 따라하는 사람(漆桶輩):

옻을 담아둔 통처럼 속이 시커먼 무리들, 여기서는 무조건 따라하

는 무리들을 가리킨다.

所以로 山野가 作辨邪正說하야 以救之호라.

近世에 魔强法弱하야

以湛入合湛으로

爲究竟者가 不可勝數며

守方便不捨로 爲宗師者가

如麻似粟이로다.

까닭으로 산야는 사정邪正*을 분별하여 말을 지어 구하노라.

근세에 마魔는 강하고 법法은 약하여*

고요함에 들어가 고요함을 더함으로

고요한 것을 깨달음으로 삼는 자* 셀 수가 없으며,

방편을 지켜 버리지 않음*으로 높은 스승으로 삼는 자者가

삼 같고 좁쌀 같음이로다.

*사정邪正:

  그른 것과 바른 것.

*마魔는 강하고 법法은 약하여:

  생각에 매여 분별 차별하여 귀신에 홀린 사람이 많고, 자기 생각을
  놓고 근본 마음으로 살아가는 사람은 적다.

*고요한 것을 깨달음으로 삼는 자:

  앉아서 오랜 시간 고요하게 있으면 깨닫겠지 하고 생각하는 사람.

*방편을 지켜 버리지 않음:

  배우고 익힌 좋은 말씀이나 글귀에 매여 높은 스승으로 삼는 것은
  큰 병이다.

山野가 近嘗與衲子輩로

擧此兩段호니

正如來書所說에 不差一字라.

非左右가 留心般若中하야

念念不間斷이라면

則不能洞曉從上諸聖의

諸異方便也니라.

산야(대혜)가 근세 일찍이 납자(스님)들과

더불어 이 양단*(고요함, 방편)을 들었으나,

바로 온 글에서 설한 바와 같아서 한 자도 차이가 없습니다.

그대가 마음이 반야 가운데 있지 않고,

생각 생각이 끊어지지 않는다면,

즉 옛날부터 모든 성인도

모두 다른 방법으로 환하게 통하지 못함*이로다.

*이 양단:

고요를 지켜 깨닫고자 하는 사람, 고인 연구는 방편인데 높은 법이
라 여기는 자, 모두 어리석음 때문에 깨달을 수 없다.

*다른 방법으로 환하게 통하지 못함:

성인도 마음을 반야에 두지 않고, 생각이 단절되지 않으면서, 다른
방법으로 만물에 대해 명확히 알지 못한다. 배우는 우리들은 성인
의 가르침대로 실천하기를, 수시로 일어나는 생각들로 미혹에 빠지
지 않도록 하여야 한다.

公이 已捉着欄柄矣라.

旣得欄柄在手어늘

何慮不捨方便門而入道耶아

但只如此做工夫호대

看經敎와 幷古人語錄과

種種差別言句도 亦只如此做工夫하며

如須彌山放下着과 狗子無佛性話와

竹篦子話와 一口吸盡西江水話와

庭前柏樹子話에도 亦只如此做工夫하고

更不得別生異解하며

別求道理하며 別作伎倆也어다.

공(증시랑)이 이미 칼자루 잡고

칼자루를 얻어 손에 있거늘,*

어찌 방편문을 버리지 않고 도道에 드는 것을 걱정하리오.

단지 이와 같이 공부할 때

경교經敎와 아울러 고인古人의 어록語錄

종종차별언구도 또한 다만 이와 같이 공부 지어* 관하며

"수미산 방하착과 개에는 불성이 없다는 말씀,

죽비 들고 하라는 말씀, 한 입으로 서강수를 다 마신다는 말,

뜰 앞에 잣나무라는 말"에도 또한 다만 이와 같이 공부 짓고

다시 따로 견해見解를 내며,

따로 도리道理를 구하며, 따로 재주를 지어 얻을 것이 있느냐.*

*칼자루 잡고 칼자루를 얻어 손에 있거늘:

깨달음에 들기 위한 여러 가지 방법을 배워 알고 있다. 진리는 방편
으로 길을 인도함인데, 놓지 못하니 도道에 들 수 없다.

*다만 이와 같이 공부 지어 :

칼자루를 잡고 얻어 손에 이미 지니고 있거늘, 그것만 의지하면 된
다. 나머지 모든 것은 방편이니 버릴 것이다.

*따로 재주를 지어 얻을 것이 있느냐:

경전, 고인의 어록, 수미산, 방하착 등등은 모두 방편인데 그 말뜻
에 집착하여 놓지 않고, 또한 스스로 뜻을 생각하여 방법을 제시하
는 것은 미륵이 내려오시더라도 깨달을 수 없다.

公이 能向急流中하야
時時自如此提掇하고 道業을
若不成就하면 則佛法이
無靈驗矣리니 記取記取어다.
承호니 夜夢에 焚香하고
入山僧之室하야 甚從容이라하니
切不得作夢會하고
須知是眞入室이니라.

공(증시랑)이 항상 세상 가운데
때때로 스스로 이와 같이 공부하고 도업을 닦는데,
만약 성취하지 못하면
곧 불법이 영험이 없으리니, 기억하고 명심할지어다.
받으니 야밤 꿈에 향 사르고
산승의 방에 들어 심甚히 종용하니
간절히 꿈이라는 견해見解를 지어 일으키지 말아야*
모름지기 진실로 입실을 아는 것이다.

*꿈이라는 견해見解를 지어 일으키지 말아야:

　　꿈도 현실도 과거 습관종자가 인연이 되어 일어난 것이므로 "꿈에
　　무엇을 보았고, 현실에 무엇을 보았네"라고 하지 말고, 불안한 의심
　　이 일어나면 참회함으로써 마음이 고요하게 된다.

不見가 舍利佛이 問須菩提호대

夢中에 說六波羅密호니

與覺時로 同가 別가

須菩提云하대 此義幽深하야

吾不能說이라.

此會에 有彌勒大士하니

汝往彼問하라하니

咄, 漏逗不少로다.

보지 못했는가? 사리불이 수보리에게 묻되,

꿈속에 육바라밀이 설하니

깨어 있을 때와 더불어 같습니까, 다릅니까?

수보리가 이르시되, 그 뜻은 은근히 깊어서

내가 설할 수 없음이라!

차회(반야회상)에 미륵대사가 있으니,

네(사리불)가 미륵에게 가서 물어보라 하니

이상하다, 허물이 적지 않음*이로다.

*이상하다, 허물이 적지 않음:

　꿈과 현실은 내가 존재하기에 과거 습관종자가 인연이 되어 일어

　나는 허깨비이므로, 누구에게 묻는 사람이나 보내는 사람 모두가

　허망한 짓이다.

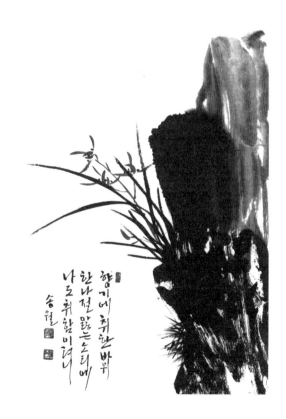

雪竇云하대 當時에 若不放過어든
隨後與一箚이어늘
誰名彌勒이며 誰是彌勒者오
便見氷銷瓦解로다하니
咄, 雪竇도 亦漏逗不少로다.

설두가 이르되, 당시에 만약 놓아두지 않고
질문하자마자 일침一鍼 줄 것을
누가 미륵이라 부르며 누가 미륵인고.[*]
문득 얼음이 확 녹고 기와가 깨짐을 봄이로다.
애처롭다. 설두 또한 허물이 적지 않음이로다.

*누가 미륵이라 부르며 누가 미륵인고:

생각으로 볼 때는 묻는 사람이 있고 보내는 사람이 있고 대답하는
사람이 있으나, 근본 마음에서는 묻는 사람, 보내는 사람, 미륵 모
두가 나 자신이다.

그러므로 꿈이든 현실이든 모두 물거품이 일어난 것이니 의심하여
매이지 말아야 한다.

或有人이 問只如曾待制가

夜夢에 入雲門之室이라하니

且道하라 與覺時로 同가 別가하면

雲門은 卽向他道호대

誰是入室者며

誰是爲入室者며

誰是作夢者며 誰是說夢者며

誰是不作夢會者며

誰是眞入室者오하리니

咄, 亦漏逗不少로다.

혹 어떤 사람이 있어 다만 증대제가

야밤 꿈에 운문 방에 들어갔으니,

말해 보십시오. 깨어 있을 때와 더불어 같습니까, 다릅니까?

물어보니 운문은 곧 저를 향해 말하되,

누가 운문의 방에 들어간 자며,

누가 입실했다 이르는 자며,

누가 꿈꾼 자이며, 누가 꿈이라고 말하는 자며,

누가 꿈이란 생각을 짓지 않는 자며,

누가 진실로 입실한 자입니까?

안타깝다. 또한 허물이 적지 않음이로다.*

*안타깝다. 또한 허물이 적지 않음이로다:

　운문의 방에 들어간 자도 나이고, 꿈꾼 자도 나이며, 꿈이라 생각을
　짓는 이도 나이며, 진실로 입실한 자도 나이며, 묻는 자도 나인데
　의심하고 궁금해 하니 안타깝다.

대혜 스님이 증시랑에 답함 ⑤

편지 받으니 밖으로 모든 인연을 쉬고

내적으로 마음에 헐떡거림이 없다 하니, 도道에 들 수 있을 것이오.

이는 방편문이라 방편문을 빌려서

도道에 드는 즉 옳거니와

방편을 지켜 버리지 않는 즉 병病이라 하니,

정성스럽게 보내온 말과 같습니다.

산야(대혜)가 읽음에

환희와 몸의 기쁨이 지극함을 이기지 못하노라.

지금 모든 곳에서 따라하는 사람이

다만 방편을 지키고 버리지 않고,

실법으로 삼고 사람에게 가르친다 하니,

그러므로 사람 눈멀게 함이 적지 않음이로다.

까닭으로 산야는 사정을 분별하여 말을 지어 구하노라,

근세에 마魔는 강하고 법法은 약하여

고요함에 들어가 고요함을 더함으로

고요한 것을 깨달음으로 삼는 자 셀 수가 없으며,

방편을 지켜 버리지 않음으로 높은 스승으로 삼는 자者가

삼 같고 좁쌀 같음이로다.

산야(대혜)가 근세 일찍이 납자(스님)들과

더불어 이 양단(고요함, 방편)을 들었으나,

바로 온 글에서 설한 바와 같아서 한 자도 차이가 없습니다.

그대가 마음이 반야 가운데 있지 않고,

생각 생각이 끊어지지 않는다면,

즉 옛날부터 모든 성인도

모두 다른 방법으로 환하게 통하지 못함이로다.

공(증시랑)이 이미 칼자루 잡고

칼자루를 얻어 손에 있거늘,

어찌 방편문을 버리지 않고 도道에 드는 것을 걱정하리오.

단지 이와 같이 공부할 때

경교經教와 아울러 고인古人의 어록語錄

종종차별언구도 또한 다만 이와 같이 공부 지어 관하며

"수미산 방하착과 개에는 불성이 없다는 말씀,

죽비 들고 하라는 말씀, 한 입으로 서강수를 다 마신다는 말,

뜰 앞에 잣나무라는 말"에도

또한 다만 이와 같이 공부 짓고

다시 따로 견해見解를 내며,

따로 도리道理를 구하며, 따로 재주를 지어 얻을 것이 있느냐.

공(증시랑)이 항상 세상 가운데

때때로 스스로 이와 같이 공부하고 도업을 닦는데,

만약 성취하지 못하면

곧 불법이 영험이 없으리니, 기억하고 명심할지어다.

받으니 야밤 꿈에 향 사르고

산승의 방에 들어 심甚히 종용하니

간절히 꿈이라는 견해見解를 지어 일으키지 말아야

모름지기 진실로 입실을 아는 것이다.

보지 못했는가? 사리불이 수보리에게 묻되,

꿈속에 육바라밀 설하니

깨어 있을 때와 더불어 같습니까, 다릅니까?

수보리가 이르시되, 그 뜻은 은근히 깊어서

내가 설할 수 없음이라!

차회(반야회상)에 미륵대사가 있으니,

네(사리불)가 미륵에게 가서 물어보라 하니

이상하다, 허물이 적지 않음이로다.

설두가 이르되, 당시에 만약 놓아두지 않고

질문하자마자 일침一針 줄 것을

누가 미륵이라 부르며 누가 미륵인고.

문득 얼음이 확 녹고 기와가 깨짐을 봄이로다.

애처롭다. 설두 또한 허물이 적지 않음이로다.

혹 어떤 사람이 있어 다만 증대제가

야밤 꿈에 운문 방에 들어갔으니,

말해 보십시오. 깨어 있을 때와 더불어 같습니까, 다릅니까?

물어보니 운문은 곧 저를 향해 말하되,

누가 운문의 방에 들어간 자며,

누가 입실했다 이르는 사람이며,

누가 꿈꾼 자이며, 누가 꿈이라고 말하는 자며,

누가 꿈이란 생각을 짓지 않는 자며,

누가 진실로 입실한 자입니까?

안타깝다. 또한 허물이 적지 않음이로다.

7) 대혜 스님이 증시랑에게 답함 ⑥

來書를 細讀數過코사

足見辦鐵石心하며

立決定志하야 不肯草草호라.

但只如此崖到臘月三十日하면

亦能與閻家老子로 廝抵하리니

更休說豁開頂門眼하고 握金剛王寶劍하야

坐毗盧頂上也어다.

보내온 서신을 여러 번 자세히 읽고 나서

넉넉하게 견고한 마음*을 갖추고

결정적 뜻을 세워서 아무렇게 지내지 않았노라.

단지 이와 같이 중생 번뇌 끊어질 쯤*에 이르면,

또한 염라노자 더불어 맞싸우리니,

다시 도道의 눈을 활짝 열고 금강왕보검*을 쥐고

비로자나 정수리 위에 앉았다고 말하지 말지어다.

*견고한 마음(鐵石心):

철과 돌처럼 단단한 마음.

*중생번뇌 끊어질 쯤:

생각에 매이고 지내다가 매임에서 벗어날 때.

*금강왕보검:

모든 번뇌를 허물 수 있는 마음을 다시 잡는 것을 금강왕보검을 손
에 쥔다고 하였다.

*비로자나 정수리 위에 앉았다고 말하지 말지어다:

다시 마음을 다잡고 정진하겠다는 다짐을 한 것이 금강왕보검을
쥔 것이나, 몸의 습관은 아직 정화되지 않은 상태이므로 비로자나
부처님 경지에 이르렀다고 말하지 말라.

某嘗謂方外道友曰

今時學道之士가

只求速效하야 不知錯了也하야

却謂無事省緣하야 靜坐體究하야

爲空過時光으론 不如看幾卷經하고

念幾聲佛하며

佛前에 多禮幾拜하야

懺悔平生所作底罪過하야

要免閻家老子의 手中鐵棒이라하나니

此是愚人의 所爲니라.

나는 일찍이 재가자에게 일러 말하기를,

지금 도道 배우는 선비는

다만 빠른 효험을 구함*이 잘못임을 알지 못하고,

도리어 아무 일 없이 조용히 앉아 몸으로 구경究竟*을 이르려고

헛되이 세월 보냄은 몇 권의 경經을 보고

소리로 부처를 몇 번 생각하며

부처님 전에 많은 예배로 절하여

평생에 지은 바 참회하여 죄와 허물을 벗어

염라노자 손에 든 쇠방망이 면하는 것보다 못하다.

이것은 어리석은 사람이 위하는 바이니라.

*빠른 효험을 구함:

뜻하는 바 만사가 순조롭게 이루어지기를 바라는 마음.

*조용히 앉아 몸으로 구경究竟:

더 이상 배울 필요가 없는 최고의 경지에 올라 생사의 고통에서 초
월하는 것. 그러나 조용히 앉아서 깨달음을 얻을 수 없다.

而今道家者流가 全以妄想心으로

想日精月華하며

呑霞服氣라도

尚能留形住世하야 不被寒暑所逼이온

況回此心此念하야 全在般若中耶아

先聖이 明明有言하사대

喻如太末蟲이 處處能泊호대

唯不能泊於火焰之上커든

지금 도가道家의 무리들은 망상심妄想心으로

해를 맑게 하고, 달을 꽃피우는 상상을 하며,

안개를 삼키고 기氣를 복용하더라도

오히려 형태에 머물고 세상에 주하여 추위와 더위에 핍박받지 않

는데,

하물며 이 마음과 생각을 온전히 반야 가운데 두어 돌이킨다면,

선지식이 분명히 말씀하시되,

비유하면 파리가 처처處處에 앉더라도*

오직 불 속에 머무르지 못하는 것*과 같습니다.

*파리가 처처處處에 앉더라도:

　생각이 일어나 망상심으로 가지가지를 꾸미지만

*불 속에 머무르지 못하는 것:

　생각으로 하는 것은 비유하면, 하얀 눈이 용광로에 닿는 것 같아 바
　로 녹아버린다. 우리들이 생각을 끊어내고 지혜로 살아간다면, 망
　상심이 일어나도 아무런 장애를 받지 않는다.

衆生도 亦爾하야 處處能緣호대

唯不能緣於般若之上이라하시니

苟念念에 不退初心하고

把自家心識이 緣世間塵勞底하야

回來抵在般若上이

雖今生에 打未徹이라도

臨命終時에

定不爲惡業所牽하야

중생도 이와 같아서 처처에 인연 두되,

오직 반야에 인연을 두지 못하니

진실로 생각 생각에 초심初心에서 물러나지 않고,*

자기 생각을 세간 번뇌에서 인연을 잡아서*

반야般若 상上에 던져서 돌이키면,*

비록 금생에 깨닫지 못하더라도

명命이 마침에 임할 때에

결정적으로 악업에 이끌리는 바 되지 않습니다.

192

*초심初心에서 물러나지 않고:

처음 발심할 때, 진실한 믿음을 내어 깨달아 보겠다는 마음이 나태함에서 무너지지 않아야 한다.

*자기 생각을 세간 번뇌에 인연을 잡아서:

일상생활 속에서 한 생각이 일어날 때, 그 순간을 놓치지 말고 과거의 습관종자를 소멸시켜야 한다.

*반야般若 상上에 던져서 돌이키면:

한 생각이 일어날 때, 한 생각이 일어난 곳을 돌이켜보면, 내가 심은 과거의 습관종자가 인연으로 보이는 것을 알게 된다. 이렇게 아는 힘이 반야 상에 던져서 돌이키는 공부이다.

流落惡道하고
來生出頭에 隨我今生願力하야
定在般若中하야 現成受用하리니
此是決定底事라 無可疑者니라.
衆生界中事는 不着學하야도
無始時來로 習得熟하며
路頭亦熟이 自然取之에
左右逢其原하나
須着撥置어다.

악도의 흐름에 떨어지고,
내생에 나옴에 나의 금생의 원력 따라*
결정적으로 반야 가운데 바로 수용을 이룸이 있으리니
이 같은 결정적 일은 의심하는 자 없으리라.
중생세계 일 가운데는 일부러 배우지 않아도
과거부터 지금까지 익힘이 익어서
길 또한 익어* 자연히 취하여
좌우에 근원을 만나니
모름지기 버리고 밀쳐둘 것이다.

*내생에 나옴에 나의 금생의 원력 따라:

다음 생의 악도 또는 선도 중에 태어남은 금생의 과보에 따라 정해지기에, 반야(지혜)에 생각 생각을 두면 결정적으로 인간으로 태어나, 아직 부족하여 부처 경지에 이르지는 못하지만, 최선을 다한 삶이다. 인연이 되어 염라노자를 만나도 두려움이 없으리라.

*길 또한 익어:

과거부터 배우고 익힌 습관이 있어 모든 일은 분별하여 잘하지만, 그 종자를 지니고 깨달음에 들지 못하니 내려놓을 것이다.

出世間學般若心은 無始時來로 背違라

乍聞知識의 說着하며 自然理會不得하나니

須着立決定志하며

與之作頭抵하야 決不兩立이어다.

출세간 반야 배우는 마음은 과거부터 지금까지 거스르고 등져

잠깐 선지식의 말 들어 자연히 이해할 수 없으니,

모름지기 억지로 결정 뜻을 세워*

더불어 먼저 두고 결정 둘을 세우지 않아야 한다.*

*결정 뜻을 세워:

경전이나 고인 언구 선지식의 가르침을 방편으로 의지하여 과거의
습기를 정화해야 한다.

*결정 둘을 세우지 않아야 한다:

내 기준을 없애야 타인과 투쟁이 일어나지 않으므로 하나가 된다.

此處에 若入得深하며
彼處에 不着排遣하야도
諸魔外道가 自然竄伏矣니라.
生處는 放敎熟하고
熟處는 放敎生이 政爲此也니
日用做工夫處에
捉着欛柄하면 漸覺省力時가
便是得力處也니라.

반야를 만약 깊게 두면,*
세간일은 일부러 보내지 않아도,
모든 마魔의 외도外道가 자연히 숨고 없어진다.
반야般若는 익숙하게 하고,
세간사는 무디게 하여*
정이 이것이 일상생활에 공부하는 처處라,
칼을 잡으면* 점차 힘 덜 때를 느낄 때,
문득 힘을 얻으리라.

*반야를 만약 깊게 두면:

일상생활 가운데 있으면서 생각 생각이 일어나 괴로울 때, 이 괴로움이 어디에서 온 것인가 보게 되면, 생각 일어난 곳 없이 허망한 뜬구름과 같음을 알게 된다. 이 시점이 반야(지혜)로 살아가는 순간이다.

*반야般若는 익숙하게 하고, 세간사는 무디게 하여:

생각이 일어날 때 이 종자는 과거의 습관종자이므로 '허망한 것이야' 하는 마음이 반야에 깊이 있는 것이고, 일상생활 속에서 일 있으면 일하고, 배고프면 밥 먹고, 목마르면 물마시고, 그때 상황에 따라 응하면 되지 일부러 꾸며서 수고롭게 하지 않는 것이 무디게 하는 것이다.

*칼을 잡으면:

기필코 도道를 이루겠다는 마음을 갖는 것이 금강왕보검을 손에 쥐는 것이다. 이런 행위가 반야를 익숙하게 하고, 세간사를 무디게 하는 마음을 가지는 것이다.

대혜 스님이 증시랑에 답함 ⑥

보내온 서신을 여러 번 자세히 읽고 나서
넉넉하게 견고한 마음을 갖추고
결정적 뜻을 세워서 아무렇게 지내지 않았노라.
단지 이와 같이 중생 번뇌 끊어질 쯤에 이르면,
또한 염라노자 더불어 맞싸우리니,
다시 도道의 눈을 활짝 열고 금강왕보검을 쥐고
비로자나 정수리 위에 앉았다고 말하지 말지어다.
나는 일찍이 재가자에게 일러 말하기를,
지금 도道 배우는 선비는
다만 빠른 효험을 구함이 잘못임을 알지 못하고,
도리어 아무 일 없이 조용히 앉아 몸으로 구경究竟을 이르려고
헛되이 세월 보냄은 몇 권의 경經을 보고
소리로 부처를 몇 번 생각하며
부처님 전에 많은 예배로 절하여
평생에 지은 바 참회하여 죄와 허물을 벗어
염라노자 손에 든 쇠방망이 면하는 것보다 못하다.
이것은 어리석은 사람이 위하는 바이니라.

지금 도가道家의 무리들은 망상심妄想心으로
해를 맑게 하고, 달을 꽃피우는 상상을 하며,
안개를 삼키고 기氣를 복용하더라도

오히려 형태에 머물고 세상에 주하여 추위와 더위에 핍박받지 않는데,

하물며 이 마음과 생각을 온전히 반야 가운데 두어 돌이킨다면,

선지식이 분명히 말씀하시되,

비유하면 파리가 처처處處에 앉더라도

오직 불속에 머무르지 못하는 것과 같습니다.

중생도 이와 같아서 처처에 인연 두되,

오직 반야에 인연을 두지 못하니

진실로 생각 생각에 초심初心에서 물러나지 않고,

자기 생각을 세간 번뇌에서 인연을 잡아서

반야般若 상上에 던져서 돌이키면,

비록 금생에 깨닫지 못하더라도

명命이 마침에 임할 때에

결정적으로 악업에 이끌리는 바 되지 않습니다.

악도의 흐름에 떨어지고,

내생에 나옴에 나의 금생의 원력 따라

결정적으로 반야 가운데 바로 수용을 이룸이 있으리라.

이 같은 결정적 일은 의심하는 자 없으리라,

중생세계 일 가운데는 일부러 배우지 않아도

과거부터 지금까지 익힘이 익어서,

길 또한 익어 자연히 취하여

좌우에 근원을 만나니

모름지기 버리고 밀쳐둘 것이다.

출세간 반야 배우는 마음은 과거부터 지금까지 거스르고 등져

잠깐 선지식의 말 들어 자연히 이해할 수 없으니,

모름지기 억지로 결정 뜻을 세워

더불어 먼저 두고 결정 둘을 세우지 않아야 한다.

반야를 만약 깊게 두면,

세간일은 일부러 보내지 않아도,

모든 마魔의 외도外道가 자연히 숨고 없어진다.

반야般若는 익숙하게 하고,

세간사는 무디게 하여

정이 이것이 일상생활에 공부하는 처處라,

칼을 잡으면 점차 힘 덜 때를 느낄 때,

문득 힘을 얻으리라.

春有百花秋有月
夏有涼風冬有雪
若無閑事掛心頭
便是人間好時節

祥山聖興寺　松月

3. 도道를 이루고 버리는 수행

1) 이참정이 깨닫고 대혜 스님께 질문

邪이 近扣籌室하사와

伏蒙激發蒙滯하야 忽有省入호이다.

顧惟호니 根識이 暗鈍하야

平生學解가 盡落情見이라

一取一捨호미 如衣壞絮하고

行草棘中하야 適自纏繞러니

今一笑에 頓釋호니 欣幸을 可量이릿가.

제가 근세에 선사禪師의 방을 두드려서
어리석고 막힌 것을 쳐서 발심發心함을 공경히* 받고,
문득 깨달음에 들어감이 있었습니다.
돌이켜 생각하니 근식(안, 이, 비, 설, 신, 의)이 어둡고 둔鈍하여
평생 배워서 아는 것이 다 감정(생각)에 떨어져
하나 버리면 하나 잡으니,* 떨어진 옷을 입고,
가시덤불 속을 걷는 것 같아 갈 적에 스스로 걸리고 얽혔으나
오늘 한 번 웃음에 몰록 풀렸습니다.*
기쁨을 헤아릴 수 있겠습니까?

*막힌 것을 쳐서 발심發心함을 공경히:

어느 곳에 매여 모르고 지냈는데, 가르침을 받고 스스로 수행하여
막힌 것을 제거하고 깨달은 바가 있음을 공경하는 마음입니다.

*하나 버리면 하나 잡으니:

한 생각이 일어나 사라지면 또 한 생각이 일어남.

*한 번 웃음에 몰록 풀렸습니다:

한 생각이 일어나지만, 과거의 습관종자가 거의 소멸되어 허망하게
인연으로 일어나는 것을 알기에 웃을 수밖에 다른 도리가 없다.

非大宗匠의 **委曲垂慈**시면

何以致此리닛고

自到城中으로 **着衣喫飯**하며

抱子弄孫하야 **色色仍舊**호대

旣亡拘滯之情하고

亦不作奇特之想하며

其餘夙習舊障도

亦稍輕微하고

대종장大宗匠이 자세히 자비慈悲 베풂이 없었다면

어찌 여기에 이르렀겠습니까?

스스로 제 집에 이르러* 옷 입고, 밥 먹으며,

자식을 안고 손자 희롱하며, 갖가지가 과거와 같은데,

이미 옛날부터 막힌 감정을 잊고,

또한 기특奇特한 생각을 짓지 않으며,

그 나머지 일찍 익혔던 옛 장애障碍도,

또한 점점 가볍고 미미합니다.

*스스로 제 집에 이르러:

근본마음 자리인 성품을 보았다. 이직 미세번뇌가 남아 있기에 방심하면 아니 된다. 여기서부터 처음 발심한 마음으로 수시로 일어나는 습관종자를 닦아야 다시 중생세계로 떨어지지 않는다.

臨別叮嚀之語는 不敢忘也니다.

重念호니 始得入門이나

而大法을 未明하야

應機接物에 觸事未能無礙호니

更望有以提誨하사 使卒有所至시면

庶無玷於法席矣일까하노이다.

작별作別할 때 정성스럽고 간곡하게 하시던 말을 감히 잊겠습니까?

거듭 생각하니 비로소 도道에 들어갔으나,*

큰 법法에 아직 밝지 않고,*

사람에게 응하고 사물과 접하고 일과 접함이 아직 막힘이 없지 않

습니다.

다시 바라옵건대 저에게 가르침으로 인도하여 주시면

거의 법석法席에 허물없을까 하노이다.

*도道에 들어갔으나:

생각과 의식이 고요한 상태. 감정으로 살았으므로, 허망한 것을 보았으나 아직 감정이 자유롭지 않다.

*큰 법法에 아직 밝지 않고:

생각과 의식이 바뀌는 것은 찰나이지만, 몸에 밴 습관은 더욱 닦아야 하므로 어떻게 닦아야 하는지 바른 길을 일러주세요.

이참정이 깨닫고 대혜 스님께 질문

제가 근세에 선사禪師의 방을 두드려서

어리석고 막힌 것을 쳐서 발심發心함을 공경히 받고,

문득 깨달음에 들어감이 있었습니다.

돌이켜 생각하니 근식(안, 이, 비, 설, 신, 의)이 어둡고 둔鈍하여

평생 배워서 아는 것이 다 감정(생각)에 떨어져

하나 버리면 하나 잡으니, 떨어진 옷을 입고,

가시덤불 속을 걷는 것 같아 갈 적에 스스로 걸리고 얽혔으나

오늘 한 번 웃음에 몰록 풀렸습니다.

기쁨을 헤아릴 수 있겠습니까?

대종장大宗匠이 자세히 자비慈悲 베풂이 없었다면

어찌 여기에 이르렀겠습니까?

스스로 제 집에 이르러 옷 입고, 밥 먹으며,

자식을 안고 손자 희롱하며, 갖가지가 과거와 같은데,

이미 옛적에 막힌 감정을 잊고,

또한 기특奇特한 생각을 짓지 않으며,

그 나머지 일찍 익혔던 옛 장애障碍도,

또한 점점 가볍고 미미합니다.

작별作別할 때 정성스럽고 간곡하게 하시던 말을 감히 잊겠습니까?

거듭 생각하니 비로소 도道에 들어갔으나,

큰 법法에 아직 밝지 않고,

사람에게 응하고 사물과 접하고 일과 접함이 아직 막힘이 없지 않습니다.

다시 바라옵건대 저에게 가르침으로 인도하여 주시면

거의 법석法席에 허물없을까 하노이다.

2) 대혜 스님이 이참정에게 답함

示諭호대
自到城中으로 着衣喫飯하고
抱子弄孫하며 色色仍舊호대
旣亡拘滯之情하고
亦不作奇特之想하며
宿習舊障도 亦稍輕微라하니
三復斯語하고 歡喜踊躍호라.

가르침을 보입니다.
스스로 깨달음에 이르러 옷 입고, 밥 먹으며,
자식을 안고 손자 희롱하며, 갖가지 과거와 같은데,
이미 옛적에 막힌 감정을 잊고
또한 기특한 생각을 짓지 않으며,
옛적에 익혔던 옛 장애도 또한 점점 가벼워진다 하니
3, 4번 반복하여 읽고 마음과 몸이 기뻐*하였습니다.

*마음과 몸이 기뻐:

　정신적으로 기쁘면 몸이 가벼워진다.

　정신적으로 조금 기쁘면 웃음이 일어나고, 더욱 기쁘면 몸이 가벼
　워 깡충깡충 뛴다.

此乃學佛之驗也니

儻非過量大人이

於一笑中에 百了千當則

不能知吾家의 果有不傳之妙며

若不爾者인댄

疑怒二字法門을

盡未來際히 終不能壞라.

이것은 부처 배우는 영험이니

만약 보통을 벗어나는 사람이 아니면

한 번 웃음 가운데에서는 백 번 천 번 마땅한즉,

불가에서 과연 전하지 못한 묘한 이치를 알 수 없으며,

만약 그렇지 못한 자는

의심疑心과 분노忿怒* 두 글자 법문法門을

미래제가 되어도 마지막에 부술 수 없음이라.

*의심疑心과 분노忿怒:

'무슨 좋은 것이 있기에 웃을까?' 의심이 생기고, 나중에 더욱 알 수 없으면 화가 난다.

한 번 웃음에 몰록 풀어져 의심과 분노가 생기지 않으니, 만 가지 생각이 일어나도 모두가 지혜롭게 작용한다.

使太虛空으로 爲雲門口하고
草木瓦石으로
皆放光明하야 助說道理라도
亦不奈何일러니라
方信此段因緣은
不可傳不可學이라
須是自證自悟하며
自肯自休하야사 方始徹頭니라.

큰 허공으로 하여금 대혜 입을 삼고,
풀과 나무, 기와와 돌이
모두 광명光明을 놓아 도리道理를 설설하여 도울지라도,
또한 어찌 할 수 없습니다.*
바야흐로 이 깨달음의 인연은
전할 수 없고, 배울 수 없는 것을 믿으세요.
모름지기 스스로 증득하고 스스로 깨쳐야 하며,
스스로 긍정하고 쉬어야 비로소 깨달으리라!*

*또한 어찌 할 수 없습니다:

옛적에 막힌 감정을 잊고, 기특한 생각을 짓지 않고, 옛 장애도 점점 가벼워짐은 무엇으로 비교하여 도리를 설해도 견줄 수 없다.

*스스로 긍정하고 쉬어야 비로소 깨달으리라:

경계로 보이는 거슬리는 감정은 내 과거 허물이므로, 긍정적으로 이해하면 생각이 일어나지만 쉬어지는 것이다. 이런 행위가 깨달음에 이르는 과정이다.

公이 今一笑에 頓亡所得하니

夫復何言가

黃面老子曰 不取衆生所言說인

一切有爲虛妄事하며

雖復不依言語道나

亦復不着無言說이라하니

來書所說이 旣亡拘滯之情하고

亦不作奇特之想이라하니

暗與黃面老子所言으로 契合이라

공(이참정)이 오늘 한 번 웃음에 문득 과거에 얻은 것을 잊으니,

다시 어떤 말을 하겠는가?

부처님이 이르기를, 중생이 말하는 바*

일체 세간법* 쓸데없는 것을 취하지 말며,

다시 중생 말 의지하지 말고,

또한 다시 말없는 것 집착하지 말라* 하니,

보내온 서신에 말한 바 이미 옛적에 막혔던 감정은 잊고,

또한 기특한 생각을 짓지 않는다 하니,

저절로 부처님 말씀과 더불어 계합契合함이라!

218

*중생이 말하는 바:

　생각으로 이러고저러고 하는 말을 듣고 분별하여 취하지 말라.

*일체 세간법 :

　몸과 입과 생각으로 악한 행위를 하는 사람을 따라하지 말며, 망
　어·기어·양설·악구로 말하는 사람을 의지하지 말라.

*말없는 것 집착하지 말라:

　깨달음.

卽是說者는 名爲佛說이요

離是說者는 卽波旬說이니라.

山野平昔에 有大誓願호대

寧以此身으로 代一切衆生하야

受地獄苦언정

終不以此口로 將佛法以爲人情하야

瞎一切人眼호라.

즉시 이와 같이 설하는 자는 이름하여 불설이요,

이 말과 떠나는 자*는 곧 마왕魔王의 말이니라.

산야(대혜)가 보통 때에 큰 서원誓願이 있으되,

차라리 이 몸으로 일체중생을 대신하여

지옥고地獄苦를 받아도 마침내,

이 입으로 불법佛法을 취하여 사람의 감정을 생각*하여

일체 사람의 눈을 멀게 하지 않겠노라 마음먹었습니다.

*이 말과 떠나는 자:

　생각을 일으켜 차별, 분별하며 끄달려 가는 사람의 말.

*사람의 감정을 생각:

　생각에 매여 잘못하는 것을 알고도 뒷일이 걱정되어 그냥 넘어가
　는 것.

公이 旣到恁麼田地하니

自知此事는

不從人得이라

但且仍舊언정

更不須問大法明未明과

應機礙不礙니

若作是念則不仍舊矣리라.

공이 이미 이러한 경지에 이르렀으니

스스로 도道 닦는 일,

다른 사람을 좇아 얻을 수 없는 것을 알고 있는지라,

다만 또 옛날같이* 할지언정

다시 대법을 밝히고 못 밝힘과

중생을 만날 때 막히고 막히지 않음을 물을 필요가 없으니

만약 이 생각을 지은즉 과거와 같이 하는 것이 아님이리라.

*옛날같이:

　　경계에 접하여 생각이 일어나 차별하기 이전의 순수함.

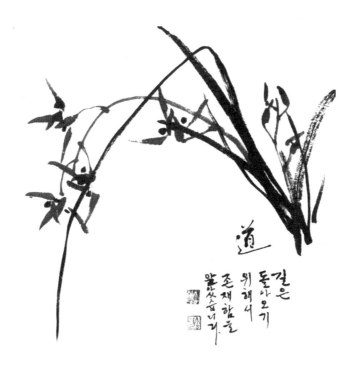

承호니 過夏後에 方可復出이라하니

甚愜病僧意로다.

若更熱荒하야

馳求不歇則不相當也리라

前日에 見公의 歡喜之甚일새

以故로 不敢說破는 恐傷言語러니

今歡喜旣定일새 方敢指出하노라.

편지 받아 보니 여름이 지난 뒤에 바야흐로 다시 나온다 하니

심甚히 저의 뜻과 같음이로다.

만약 다시 급하고 거칠게 하여

말 달리듯 구求하여 쉬지 못한*다면, 마땅하지 못하리라!

과거에 공이 환희歡喜가 깊은 것을 보고,

그러므로 감히 말하지 못하고 말만 상할까 염려되어

지금 환희심이 안정되어서 바야흐로 감히 지적하노라!

*말 달리듯 구求하여 쉬지 못한:

생각이 일어나 밖으로 무엇을 추구하는 마음.

此事는 極不容易하니

須生慚愧하야사 始得다.

往往에 利根上智者는 得之호대

不費力하고 遂生容易心하야

便不修行하며 多被目前境界의 奪將去하야

作主宰不得하고 日久月深하면

迷而不返하고 道力이 不能勝業力이라

魔得其便하야 定爲魔의 所攝持하며

臨命終時에 亦不得力하나니

千萬記取어다.

도道를 이루는 일은 극히 쉬운 것이 아니니,

모름지기 부끄러움을 내어야 비로소 옳다.

자주자주 근기가 이롭고 지혜 있는 자는 도道를 얻되

힘쓰지 않고,* 드디어 쉽다는 마음을 내어

문득 닦지 않으니 대부분 목전경계目前境界에 빼앗김을 당하여*

주인 됨을 짓지 못하고, 해가 가고 달이 깊어지면,

미혹하여 돌아오지 못하니 도道의 힘이 업력을 이기지 못하고,

마魔가 기회를 얻어 결정적으로 마魔에 이끌린 바 되며,

명을 마침에 임할 때 또한 힘 얻지 못하리라!*

천만 번 기억할지어다.

*도道를 얻되 힘쓰지 않고:

　생각이 바뀐 것이 다인 것으로 알고, 수시로 일어나는 과거 습관을
　정화하지 않는 사람.

*목전경계目前境界에 빼앗김을 당하여:

　무엇을 이루었다는 생각을 가지고 있으니 수시로 미세번뇌가 눈앞
　에 나타나지만 무시하는 마음이 도道를 얻기 이전의 중생으로 돌아
　간다.

*명을 마침에 임할 때 또한 힘 얻지 못하리라:

　인연이 되어 몸이 근본으로 갈 때 염라노자의 쇠방망이를 면할 수
　없다.

前日之語에 理則頓悟라

乘悟併銷어니와

事非頓除라

因次第盡이라하니

行住坐臥에 切不可忘了하며

其餘古人의 種種差別言句도

皆不可以爲實지니

然이나 亦不可以爲虛니라

久久純熟하면

自然黙黙契自本心矣라.

不必別求殊勝奇特也니라.

과거의 말에 이치理致는 문득 깨칠 수 있고

깨달음에 오르면 다툼이 없거니와

깨달은 뒤에도 습관종자는 제거되지 않기에

인연 따라 점차 없애야 하니,

행주좌와에 간절히 잊지 말아야 합니다.*

그 나머지 고인古人의 가지가지 차별 언구言句도

모두 진실이라 생각하지 말고,

그러나 또 헛되다고 여기지 말고,

오래오래 순수하게 익으면,

자연 묵묵히 스스로 본심에 계합하리라!

따로 수승하고 기특한 것을 구할 필요 없으리라.

228

*행주좌와에 간절히 잊지 말아야 합니다:

    과거의 습관종자인 감지하기 어려운 미세번뇌가 수시로 일어나니 행주좌와에 놓치지 말고 간절히 닦아라.

*미세번뇌를 닦는 방법:

    도道를 이룬 것은, 의식과 생각이 바뀐 것은 성인의 초보단계에 이른 것이고, 성불까지는 52단계에 이르러야 한다. 의식과 생각이 바뀌어서 고요함을 느낀다면 처음 발심했던 순수한 마음과 겸손으로 미세번뇌를 놓치지 말고 지관止觀하며, 부끄러움과 참회로 이 몸이 갈 때까지 정진한다.

昔에 水潦和尙이

於採藤處에 問馬祖호대

如何是祖師西來意닛고

祖云近前來하라 向爾道호리라

水潦纔近前커늘

馬祖攔胸一蹋에 蹋倒라가

水潦가 不覺起來하야

拍手코 呵呵大笑어늘

祖曰 汝가 見箇甚麼道理완마 便笑오.

옛적에 수료화상水潦和尙이

일하는 곳에서 마조馬祖에게 묻되,

무엇이 조사가 서쪽에서 오신 의미입니까?

마조가 이르기를, 가까이 오너라! 말해주리라.

수료가 조금 가까이 오거늘

마조가 가슴을 잡고 메침에 넘어지다가,

수료가 자기도 모르게 일어나

박수 치고 깔깔 크게 웃거늘,*

마조 말하거늘, 그대는 무슨 도리道理를 보았기에 문득 웃소!

230

*박수 치고 깔깔 크게 웃거늘:

　　마조가 메칠 때 수료가 "무엇이 조사가 서쪽에서 오신 의미입니
　　까?" 이는 묻는 그놈이 무엇인지 보았기에 하는 행동이다.

水潦曰가 百千法門과 無量妙義를

今日於一毛頭上에 盡底識得根源去니다

馬祖便不管他하시며

雪峰이 知鼓山의 緣熟하시고

一日에 忽然驀胷擒住曰 是甚麼오

鼓山이 釋然了悟호대 了心便亡하고

唯微笑하야 擧手搖曳而已어늘

雪峯曰子作道理耶아

鼓山이 復搖手曰和尙하

何道理之有닛고

수료가 이르기를, 백천 법문과 무량한 묘한 뜻을
금일 한 터럭 상에 근원을 다 알았습니다.
마조는 다시는 수료를 관계하지 아니하였다.
설봉은 고산의 인연이 익을 것을 아시고,*
어느 날에 홀연 가슴을 잡고 주저앉히고 가로되,
이것이 무엇이오?
고산이 환하게 깨치고 깨친 마음을 문득 없애고,
오직 미소하며 손을 들어 올리고 흔들었다.
설봉 이르되, 그대가 도리를 지었는가?
고산이 다시 손을 흔들고 가로되, 화상이시여,
어떤 도리가 있겠습니까?*

232

*고산의 인연이 익을 것을 아시고:

　깨달음에 가까이 있음을 아시고.

*오직 미소하며 손을 들어 올리고 흔들었다:

　묻는 사람에게 깨달음의 의미를 보이려고 환희의 마음을 미소로
　보였다. 손을 들어 올리고 흔든 것은, 깨달음은 말로 표현할 수 없
　으므로 스스로 알고 느껴서 증득해야 한다.

*어떤 도리가 있겠습니까:

　깨달음은 들을 수도, 볼 수도 없기에 인연 따라 그대로 볼 뿐, 어떤
　도리와 기준이 없다.

雪峯이 便休去하며 蒙山道明禪師가

趁盧行者하야 至大庾嶺하야 奪衣鉢이어늘

盧公이 擲於石上曰

此衣는 表信이라 可力爭耶아 任公將去하노라

明이 擧之不動커늘 乃曰我는 求法이요

非爲衣鉢也니 願行者는 開示하소서

盧公이 曰 不思善不思惡하라

正當恁麽時하야

那箇是上座의 本來面目이어뇨

설봉이 바로 쉬며 몽산도명蒙山道明 선사가

노(盧: 6조 혜능)행자를 쫓아 대유령에 이르러

옷과 그릇을 빼앗거늘

노공이 바위 위에 놓고 이르기를,

이 옷은 믿음의 징표이다.* 가히 힘으로 다투리오.

그대 가져가는 것을 마음대로 하게 하노라!

도명이 들었으나 움직이지 않거늘,

이에 저는 법을 구함이요,

의발衣鉢을 위함이 아닙니다.

원컨대 행자는 가르쳐주소서!

노공이 이르기를, 선善도 생각하지 말고, 악惡도 생각하지 말라* 하니,

바로 이러한 때를 당하여 어떤 것이

그대의 본래면목(차별이 끊어진 근본 마음자리)입니까?

*이 옷은 믿음의 징표이다:

생각과 의식이 고요한 바다같이 되면 모든 차별·분별이 없어지고,
과거 습관마저 정화되면 만물과 다툼이 없어진다. 이때 이런 분은
만물을 다스릴 수 있기에, 그 표시로 부처님 당시에 전해 내려오던
발우와 가사를 전달 받았다.

*선善도 생각하지 말고, 악惡도 생각하지 말라:

좋은 것이라 여기고 다가가면 집착하게 되어 미혹에 빠지고, 나쁜
것이라 여기고 피하든가 말과 행동으로 공격을 하면 업만 쌓여 미
래에 과보를 받는다. 좋은 것이라 여겨지는 것도 나쁜 것이라 여겨
지는 것도 모두 다 내 안의 생각이 만든 기준이기 때문이다.

明이 當時大悟하야

通身汗流하며 泣淚作禮曰

上來密語密意外에 還更有意旨否잇가

盧公이 曰我今爲汝說者는

卽非密意어니와

汝若返照 自己面目하면

密意却在汝邊이니

我若說得인댄 卽不密也라하시니

以三尊宿의 三段因緣으로

較公於一笑中의 釋然컨댄

優劣何如오 請自斷看하라.

도명이 당시 대오大悟하야 온몸으로

땀을 흘리며 소리 내어 울며, 예의를 차리고 말하기를,

위의 비밀한 말(言)과 뜻 외에 도리어 다시 뜻이 있습니까?

노공어 이르기를, 내가 지금 그대를 위해 하는 말은

곧 비밀한 뜻이 아니거니와

그대가 만약 자기 본래면목에 비추어본다면,

비밀한 뜻이 도리어 그대 세계*에 있으니,

내가 만약 설할진대 곧 비밀이 아니라

3존숙三尊宿*의 세 가지 인연을

비교하여 공이 한 번 웃음에 확 열려

우열優劣이 어떠하오! 청하온대 스스로 판단해보라.

*비밀한 뜻이 도리어 그대 세계:

선도 악도 생각하지 마라 이외의 비밀한 뜻은 내 안에 있다. 그러
나 알 수 없기에 "이뭣고" 화두를 들고 참구할 수밖에 다른 도리가
없다.

*3존숙三尊宿:

도와 덕이 있는 스승으로 고산, 도명, 수료를 가리킨다.

마조가 수료의 멱살을 잡고 땅에 메치니 수료가 바로 일어나 박수
치고 깔깔 웃으며 "알았습니다." 하였다.

설봉은 고산의 도道가 무르익은 것을 아시고 어느 날 갑자기 가슴
을 잡고 주저앉히며 말하기를 "이것이 무엇인가?" 하자 고산이 환
하게 미소 지으며 손을 들어 흔들었다.

도명이 행자를 쫓아가 바위 위에 놓인 바리때와 가사를 들었으나
움직이지 않으니 "행자시여, 저는 법을 구합니다."라고 하였다. 그
러자 행자는 "선도 생각하지 말고, 악도 생각하지 말라."고 하였다.

還更別有奇特道理麼아

若更別有則

却似不曾釋然也리라

但知作佛이언정

莫愁佛不解語어다.

도리어 다시 따로 기특한 도리道理가 있습니까?*

만약 다시 따로 있다면

도리어 일찍이 확 열린 것이 아니니라.

다만 부처됨을 알게 될지언정

부처가 말 못할까* 걱정하지 말지어다.

*기특한 도리道理가 있습니까:

　선도 악도 생각하지 말라는 이것 말고 다른 특별한 것이 있습니까?

*부처됨을 알게 될지언정 부처가 말 못할까:

　부처는 마음이다. 생각과 의식을 고요하게 하려면, 과거부터 만든 습관종자를 소멸하면 마음이 드러난다. 이때는 진리와 하나가 되기에 무슨 말을 해도 도리에 벗어나지 않기에 모든 것을 다스릴 수 있다.

古來得道之士가 自己를 旣充足하고

推己之餘하야 應機接物에

如明鏡當臺하며

明珠在掌하야

胡來胡現하며

漢來漢現호대

非着意也라.

若着意則有實法與人矣리라.

옛날부터 도道를 얻은 선비가 자기 몸을 이미 증득하고,

자기의 나머지를 버리려고 사람에게 응하고 사물과 접함에

맑은 거울이 경대 안에 있으며

밝은 구슬이 손바닥에 있는 것과 같아*

오면 접하면 되지,

대상이 거울에 오면 모습 그대로 비추어* 나타내지

꾸며서 일부러 하는 것이 아닌 것이오.

만약 뜻에 집착한다면 실법을 사람에게 줌이 있으리라.

*자기 몸을 이미 증득하고:

거친 번뇌가 소멸되어, 일어나는 생각으로부터 자유로워 고요함을 얻었다.

*밝은 구슬이 손바닥에 있는 것과 같아:

근본마음은 이미 내 안에 간직하고 있으므로 보이고 들릴 때 근본마음으로 비추면 된다.

*대상이 거울에 오면 모습 그대로 비추어:

내 마음은 맑은 거울과 같아서 사물을 있는 대로 보여주지, 이럴까 저럴까 꾸며서 나타내지 않는다.

公이 欲大法明하며
應機無滯인댄
但且仍舊언정 不必問人이니
久久하면 自點頭矣리라
臨行面稟之語를
請書於座右하라
此外에 別無說이니 縱有說이라도
於公分上에는 盡成剩語矣라
葛藤이 太多일새 姑置是事하노라

공이 대법大法을 밝히고자 한다면
사람을 대함에 걸림이 없으면 되지,*
다만 옛날같이 할지언정 사람에게 물을 필요 없으니,
오래오래 하면 스스로 머리로 점치리라.
돌아갈 때 대면해서 한 말을
바라건대 글을 좌우에 써서 두라.*
이외에 다른 말이 없으니 비록 말 있더라도
공공의 입장*에서는 다 군더더기라,
쓸데없는 말 너무 많기에 우선 이 일들을 접어둔다.

*사람을 대함에 걸림이 없으면 되지:

　　대상을 접하면서 생각이 일어나 이러고저러고 하는 감정이 생긴다
　　면, 아직 대법을 밝힌 것이 아니다.

*옛날같이 할지언정 :

　　순수한 마음을 지니고 있으니 그 마음으로 만사를 대하라.

*글을 좌우에 써서 두라:

　　중생이 말하는 바 일체 세간법을 취하지 말고, 말없는 것에 집착하
　　지 말라.

*공의 입장:

　　생각이 고요하게 된 상태에서는 이러고저러고 하는 말은 군더더기
　　라는 말.

대혜 스님이 이참정에게 답함

가르침을 보입니다.
스스로 깨달음에 이르러 옷 입고, 밥 먹으며,
자식을 안고 손자 희롱하며, 갖가지 과거와 같은데,
이미 옛적에 막힌 감정을 잊고
또한 기특한 생각을 짓지 않으며,
옛적에 익혔던 옛 장애도 또한 점점 가벼워진다 하니
3, 4번 반복하여 읽고 마음과 몸이 기뻐하였습니다.
이것은 부처 배우는 영험이니
만약 보통을 벗어나는 사람이 아니면
한 번 웃음 가운데에서는 백 번 천 번 마땅한즉,
불가에서 과연 전하지 못한 묘한 이치를 알 수 없으며,
만약 그렇지 못한 자는
의심疑心과 분노忿怒 두 글자 법문法門을
미래제가 되어도 마지막에 부술 수 없음이라.
큰 허공으로 하여금 대혜 입을 삼고,
풀과 나무, 기와와 돌이
모두 광명光明을 놓아 도리道理를 설설說하여 도울지라도,
또한 어찌 할 수 없습니다.

바야흐로 이 깨달음의 인연은
전할 수 없고, 배울 수 없는 것을 믿으세요.

모름지기 스스로 증득하고 스스로 깨쳐야 하며,

스스로 긍정하고 쉬어야 비로소 깨달으리라!

공(이참정)이 오늘 한 번 웃음에 문득 과거에 얻은 것을 잊으니,

다시 어떤 말을 하겠는가?

부처님이 이르기를, 중생이 말하는 바

일체 세간법 쓸데없는 것을 취하지 말며,

다시 중생 말 의지하지 말고,

또한 다시 말없는 것 집착하지 말라 하니,

보내온 서신에 말한 바 이미 옛적에 막혔던 감정은 잊고,

또한 기특한 생각을 짓지 않는다 하니,

저절로 부처님 말씀과 더불어 계합契合함이라!

즉시 이와 같이 설하는 자는 이름하여 불설이요,

이 말과 떠나는 자는 곧 마왕魔王의 말이니라.

산야(대혜)가 보통 때에 큰 서원誓願이 있으되,

차라리 이 몸으로 일체중생을 대신하여

지옥고地獄苦를 받아도 마침내,

이 입으로 불법佛法을 취하여 사람의 감정을 생각하여

일체 사람의 눈을 멀게 하지 않겠노라 마음먹었습니다.

공이 이미 이러한 경지에 이르렀으니,

스스로 도道 닦는 일,

다른 사람을 좇아 얻을 수 없는 것을 알고 있는지라,

다만 또 옛날같이 할지언정

다시 대법을 밝히고 못 밝힘과

중생을 만날 때 막히고 막히지 않음을 물을 필요가 없으니

만약 이 생각을 지은즉 과거와 같이 하는 것이 아님이니라.

편지 받아 보니 여름이 지난 뒤에 바야흐로 다시 나온다 하니

심甚히 저의 뜻과 같음이로다.

만약 다시 급하고 거칠게 하여

말달리듯 구求하여 쉬지 못한다면, 마땅하지 못하리라!

과거에 공이 환희歡喜가 깊은 것을 보고,

그러므로 감히 말하지 못하고 말만 상할까 염려되어

지금 환희심이 안정되어서 바야흐로 감히 지적하노라!

도道를 이루는 일은 극히 쉬운 것이 아니니,

모름지기 부끄러움을 내어야 비로소 옳다.

자주자주 근기가 이롭고 지혜 있는 자는 도道를 얻되

힘쓰지 않고, 드디어 쉽다는 마음을 내어

문득 닦지 않으니 대부분 목전경계目前境界에 빼앗김을 당하여

주인 됨을 짓지 못하고, 해가 가고 달이 깊어지면,

미혹하여 돌아오지 못하니 도道의 힘이 업력을 이기지 못하고,

마魔가 기회를 얻어 결정적으로 마魔에 이끌린 바 되며,

명을 마침에 임할 때 또한 힘 얻지 못하리라!

천만 번 기억할지어다.

과거의 말에 이치理致는 문득 깨칠 수 있고

깨달음에 오르면 다툼이 없거니와

깨달은 뒤에도 습관종자는 제거되지 않기에

인연 따라 점차 없애야 하니,

행주좌와에 간절히 잊지 말아야 합니다.

그 나머지 고인古人의 가지가지 차별 언구言句도

모두 진실이라 생각하지 말고,

그러나 또 헛되다고 여기지 말고,

오래오래 순수하게 익으면,

자연 묵묵히 스스로 본심에 계합하리라!

따로 수승하고 기특한 것을 구할 필요 없으리라.

옛적에 수료화상水潦和尙이

일하는 곳에서 마조馬祖에게 묻되,

무엇이 조사가 서쪽에서 오신 의미입니까?

마조가 이르기를, 가까이 오너라! 말해주리라.

수료가 조금 가까이 오거늘

마조가 가슴을 잡고 메침에 넘어지다가,

수료가 자기도 모르게 일어나

박수 치고 깔깔 크게 웃거늘,

마조 말하거늘 그대는 무슨 도리道理를 보았기에 문득 웃소!

수료가 이르기를 백천 법문과 무량한 묘한 뜻을

금일 한 터럭 상에 근원을 다 알았습니다.

마조는 다시는 수료를 관계하지 아니하였다.

설봉은 고산의 인연이 익을 것을 아시고,

어느 날에 홀연 가슴을 잡고 주저앉히고 가로되,

이것이 무엇이오?

고산이 환하게 깨치고 깨친 마음을 문득 없애고,

오직 미소하며 손을 들어 올리고 흔들었다.

설봉 이르되, 그대가 도리를 지었는가?

고산이 다시 손을 흔들고 가로되, 화상이시여,

어떤 도리가 있겠습니까?

설봉이 바로 쉬며 몽산도명蒙山道明 선사가

노(盧: 6조 혜능)행자를 쫓아 대유령에 이르러

옷과 그릇을 빼앗거늘

노공이 바위 위에 놓고 이르기를,

이 옷은 믿음의 징표이다. 가히 힘으로 다투리오.

그대 가져가는 것을 마음대로 하게 하노라!

도명이 들었으나 움직이지 않거늘,

이에 저는 법을 구함이요,

의발衣鉢을 위함이 아닙니다.

원컨대 행자는 가르쳐주소서!

노공 이르기를, 선善도 생각하지 말고, 악惡도 생각하지 말라 하니,

바로 이러한 때를 당하여 어떤 것이

그대의 본래면목(차별이 끊어진 근본 마음자리)입니까?

도명이 당시 대오大悟하야 온몸으로

248

땀을 흘리며 소리 내어 울며, 예의를 차리고 말하기를,

위의 비밀한 말(言)과 뜻 외에 도리어 다시 뜻이 있습니까?

노공이 이르기를 내가 지금 그대를 위해 하는 말은

곧 비밀한 뜻이 아니거니와

그대가 만약 자기 본래면목에 비추어본다면,

비밀한 뜻이 도리어 그대 세계에 있으니,

내가 만약 설할진대 곧 비밀이 아니라

3존숙三尊宿의 세 가지 인연을

비교하여 공이 한 번 웃음에 확 열려

우열優劣이 어떠하오! 청하온대 스스로 판단해보라.

도리어 다시 따로 기특한 도리道理가 있습니까?

만약 다시 따로 있다면

도리어 일찍이 확 열린 것이 아니니라.

다만 부처됨을 알게 될지언정

부처가 말 못할까 걱정하지 말지어다.

옛날부터 도道를 얻은 선비가 자기 몸을 이미 증득하고,

자기의 나머지를 버리려고 사람에게 응하고 사물과 접함에

맑은 거울이 경대 안에 있으며

밝은 구슬이 손바닥에 있는 것과 같아

오면 접하면 되지,

대상이 거울에 오면 모습 그대로 비추어 나타내지

꾸며서 일부러 하는 것이 아닌 것이오.

만약 뜻에 집착한다면 실법을 사람에게 줌이 있으리라.

공이 대법大法을 밝히고자 한다면

사람을 대함에 걸림이 없으면 되지,

다만 옛날같이 할지언정 사람에게 물을 필요 없으니,

오래오래 하면 스스로 머리로 점치리라,

돌아갈 때 대면해서 한 말을

바라건대 글을 좌우에 써서 두라.

이외에 다른 말이 없으니 비록 말 있더라도,

공公의 입장에서는 다 군더더기라,

쓸데없는 말 너무 많기에 우선 이 일들을 접어둔다.

내가
너라하는
티끌속에
자기는
몬하다

3) 이참정이 대혜 스님께 보낸 편지

那이 比蒙誨答하사와 備悉深旨호이다
那이 自有驗者三이니
一은 事無逆順히 隨緣卽應호대 不留胷中이요
二는 宿習濃厚를 不加排遣하야도 自爾輕微요
三은 古人公案에 舊所茫然을
時復瞥地호니 此非自昧者니다.

제가 근래에 해답을 받고서 깊은 뜻을 다 알았습니다.
제가 스스로 경험한 것이 셋 있습니다.
하나는 일에 역순逆順*이 없고
인연 따라 응應하되 가슴 속에 머무름이 없음이요,*
둘은 과거 습관이 두터운 것을 버리고 없애지 않아도
스스로 이것이 가벼워지고 작아짐이요,*
셋은 옛사람의 가르침에 옛적에 아무것도 몰랐으나*
때에 다시 잠깐 깨치니, 이는 스스로 어두운 것이 아닙니다.

*역순逆順:

거스르는 마음과 서로 가까이하고픈 마음.

*가슴 속에 머무름이 없음이요:

좋다고 마음이 들뜨는 여운의 미련이 생기든가, 싫다고 마음이 침
침하게 가라앉는 것이 없다.

*과거 습관이 두터운 것을 ~ 작아짐이요:

무색 무수상행식의 이치를 알고 실천하는 힘이 생겼기 때문이다.

*옛적에 아무것도 몰랐으나:

떨어진 옷을 입고 가시밭을 걷지만 앞으로 나아갈 수 없듯이, 생각
에 갇혀 옛사람의 가르침을 알 수 없었으나, 생각이 고요한 경지에
이르니 어느 날 다 알게 되었다.

前書에 大法未明之語는

蓋恐得少爲足하야

當擴而充之언정

豈別求勝解耶릿가

淨除現流도 理則不無라

敢不銘佩릿가

과거 서신에 대법大法을 밝히지 못했다는 말은

대개 작은 것을 얻고 족足함으로 삼을까 염려되어

마땅히 넓히고 충족시킬지언정*

어찌 따로 수승한 견해를 구하리까?

맑게 현재 흐름을 제거해도 이치理致대로 하는 것이 아니므로*

감히 명심銘心하여 간직하지 않을 수 있겠습니까?

*넓히고 충족시킬지언정:

이 몸이 존재하는 동안은 완전한 정화는 아니기에, 인연으로 명을
다할 때까지 모자라는 마음을 가져야 한다.

*이치대로 하는 것이 아니므로 :

아직 완전한 깨달음의 경지에 들어간 것이 아니다.

이참정이 대혜 스님께 보낸 편지

제가 근래에 해답을 받고서 깊은 뜻을 다 알았습니다.

제가 스스로 경험한 것이 셋 있습니다.

하나는 일에 역순逆順이 없고

인연 따라 응應하되 가슴 속에 머무름이 없음이요,

둘은 과거 습관이 두터운 것을 버리고 없애지 않아도

스스로 이것이 가벼워지고 작아짐이요,

셋은 옛사람의 가르침에 옛적에 아무것도 몰랐으나

때에 다시 잠깐 깨치니, 이는 스스로 어두운 것이 아닙니다.

과거 서신에 대법大法을 밝히지 못했다는 말은

대개 작은 것을 얻고 족足함으로 삼을까 염려되어

마땅히 넓히고 충족시킬지언정

어찌 따로 수승한 견해를 구하리까?

맑게 현재 흐름을 제거해도 이치理致대로 하는 것이 아니므로

감히 명심銘心하여 간직하지 않을 수 있겠습니까?

4) 대혜 스님이 이참정에게 답함

信後에 益增瞻仰하노라 不識커라

日來에 隨緣放曠하야 如意自在否아

四威儀中에 不爲塵勞의 所勝否아

寤寐二邊에 得一如否아

於仍舊處에 無走作否아

於生死心이 不相續否아

但盡凡情이언정

別無聖解니라.

서신을 받은 후에 더욱더 우러러보고 존경하는 바입니다.

근래에 인연 따라 편안하게 지내며 뜻과 같이 자재하는지 모르겠
지만

행주좌와 가운데에 번뇌煩惱에 굴복하지 않으며

깨어 있으나 잠자는 두 변에 한결같습니까?

옛날과 같은 처處에 달아남을 짓지 않고

생사심이 이어짐을 없애고*

다만 범부 생각이 다하면 되지

다른 성스런 견해見解*가 없습니까.

*생사심이 이어짐을 없애고:

한 생각이 일어나 소멸하면 다른 한 생각이 일어남이 이어짐이 없
습니까?

*범부 생각이 다하면 되지 다른 성스런 견해:

이럴까 저럴까 차별하는 생각이 없으면 되지, 성스런 말씀을 가지
고 자랑할 것 없다.

公이 旣一笑에

豁開正眼하야 消息頓亡하니

得力不得力은

如人이 飮水에 冷煖을 自知矣니라

然이나 日用之間에 當依黃面老子所言하야

剼其正性하며

除其助因하며 違其現業이니

此乃了事漢의 無方便中에 眞方便이며

無修證中에 眞修證이며

無取捨中에 眞取捨也니라.

공이 이미 한 번 웃음에

바로 눈을 활짝 떠 소식을 갑자기 잊으니,*

힘 얻고 못 얻는 것은

어떤 사람이 물 마심에 차고 따뜻한 것을 스스로* 아는 것이니라.

그러나 일상생활에 마땅히 부처님 말씀을 의지하여

그 정성(핵심성분*: 살殺, 도盜, 음淫, 망妄, 주酒) 깎아내고,

그 돕는 인연*을 제거하며(생각 조절), 그 싫고 좋은 감정을 막을 지니

이는 일 마친 사람 방편 없는 가운데 참(眞) 방편이며,

닦아 증득證得함이 없는 가운데 진정 닦아 증득함이며,

취사取捨가 없는 가운데 참(眞) 취사이니라.*

*소식을 갑자기 잊으니:

생각과 의식이 조용하여 이런저런 분별이 일어나지 않는 경우.

*물 마심에 차고 따뜻한 것을 스스로:

진리를 가지고 앵무새처럼 말한다고 해도 스스로 수행하지 않으면 아는 것이 아니다.

*핵심성분:

살생, 도둑질, 음란함, 허망한 말, 음주로 인하여 습관종자를 만드는 것을 막는 행위.

*돕는 인연:

핵심성분을 돕는 종자가 이런저런 생각이다.

방편 없는 가운데 ~ 참 취사이니라:

무심의 경지에서 함이 없는 행위를 하였기에 세상이 밝아진다.

古德이 云皮膚脫落盡이라도

唯一眞實이 在하며

又如栴檀繁柯가 脫落盡이라도

唯眞栴檀이 在라하니

斯違現業除助因剎正性之極致也라

公은 試思之하라

如此說話도 於了事漢分上에는

大似一柄臘月扇子어니와

恐南地에 寒暄이 不常이라

也少不得일새니 一笑하노라.

고덕이 이르되, 피부가 다 탈락脫落이라도

오직 한 진실眞實*이 있거나

또 전단(栴檀: 향나무) 번거로운 가지 다 탈락이라도,

오직 진眞전단이 있으니, 이것은 현업現業을 막고,

조인助因을 제거하고, 정성正性을 쪼개는 극치라.*

공(증시랑)은 시험 삼아 생각하라.

이와 같은 말도 일 마친 입장에서는

한 자루 음력 섣달 부채와 같으니,

남쪽 땅에 춥고 더운 것이 항상 하지 않을까* 염려되며

또한 모두를 없앨 수는 없다. 한 번 웃노라!

*피부가 다 탈락脫落이라도 오직 한 진실:

몸이 인연되어 자연으로 돌아갈 때, 근본마음에 습관종자만큼 6도에 태어난다. 순수한 마음이 한 진실이다.

*현업現業을 막고 ~ 정성正性을 쪼개는 극치라:

경계로부터 싫고 좋은 감정을 다스리고, 습관종자를 만드는 생각이 일어날 때 제거하고, 살생·도둑질·음란함·망어·술을 단속하는 행위가 근본마음을 보게 된다.

*남쪽 땅에 춥고 더운 것이 항상 하지 않을까:

사람 근기에 따라 다수가 깨쳐도 그렇지 않는 사람이 있으니 방편으로 현업을 막고, 조인을 제거하고, 정성을 쪼개는 것도 필요하다.

대혜 스님이 이참정에게 답함

서신을 받은 후에 더욱더 우러러보고 존경하는 바입니다.
근래에 인연 따라 편안하게 지내며 뜻과 같이 자재하는지 모르겠
지만
행주좌와 가운데에 번뇌煩惱에 굴복하지 않으며
깨어 있으나 잠자는 두 변에 한결같습니까?
옛날과 같은 처處에 달아남을 짓지 않고
생사심이 이어짐을 없애고
다만 범부 생각이 다하면 되지
다른 성스런 견해見解가 없습니까.
공이 이미 한 번 웃음에
바로 눈을 활짝 떠 소식을 갑자기 잊으니,
힘 얻고 못 얻는 것은
어떤 사람이 물 마심에 차고 따뜻한 것을 스스로 아는 것이니라.

그러나 일상생활에 마땅히 부처님 말씀을 의지하여
그 정성(핵심성분: 살殺, 도盜, 음淫, 망妄, 주酒) 깎아내고,
그 돕는 인연을 제거하며(생각 조절), 그 싫고 좋은 감정을 막을지니
이는 일 마친 사람 방편 없는 가운데 참방편이며,
닦아 증득證得함이 없는 가운데 진정 닦아 증득함이며,
취사取捨가 없는 가운데 참(眞) 취사이니라.
고덕이 이르되 피부가 다 탈락脫落이라도

오직 한 진실眞實이 있거나

또 전단(栴檀: 향나무) 번거로운 가지 다 탈락이라도,

오직 진眞전단이 있으니, 이것은 현업現業을 막고,

조인助因을 제거하고, 정성正性을 쪼개는 극치라.

공(증시랑)은 시험 삼아 생각하라.

이와 같은 말도 일 마친 입장에서는

한 자루 음력 섣달 부채와 같으니,

남쪽 땅에 춥고 더운 것이 항상 하지 않을까 염려되며

또한 모두를 없앨 수는 없다. 한 번 웃노라!

4. 보살에 이르는 수행

1) 좌선 자세

(1) 결가부좌結跏趺坐

맺을 결, 책상다리 가, 책상다리 부, 앉을 좌

① 양쪽 다리를 교차하여 발바닥이 하늘로 보이게 앉는다.

② 오른손 위에 왼손을 올리고 양쪽 엄지를 붙인다.

③ 또는 양손을 허벅지 위에 놓는다.

(2) 반가부좌半跏趺坐

반 반, 책상다리 가, 책상다리 부, 앉을 좌

① 왼쪽 다리를 회음부에 가까이 붙인다.

② 오른쪽 다리를 그 위에 올려놓는다.

③ 오른손 위에 왼손을 올리고 양쪽 엄지를 붙인다.

④ 또는 양손을 허벅지 위에 놓는다.

(3) 평가부좌平跏趺坐

평평할 평, 책상다리 가, 책상다리 부, 앉을 좌

① 왼쪽 발뒤꿈치를 회음부에 가까이 댄다.

② 오른쪽 발은 왼쪽 발 정강이에 붙인다.

③오른손 위에 왼손을 올리고 양쪽 엄지를 붙인다.
④또는 양손을 허벅지 위에 놓는다.

허리는 좌우로 흔들어 바로 세우고,

입은 다물고, 혀는 입천장에 붙이고,

눈은 가볍게 감는다.

배를 안으로 넣으면서 코로 숨을 내쉬고,

배를 밖으로 내밀면서 들이쉬는 것을 여러 번 반복한다.

의식은 ①코에서 나오고 들어가는 숨소리에 두고 집중하든가

　　　배가 들어가고 나오는 곳에 두고 집중한다.

　　②명상瞑想은 눈감고 집중하는 가운데 일어나는 생각을 무

　　　심無心이 되게 하는 수행이다. 그러므로 명상 가운데 수

　　　시로 일어나는 생각의 감정을 다스려야 무심에 이르게

　　　된다.

2) 명상

일상생활 중에 정신적으로 불안정하든가 육체적으로 고통이 생길 때 치료를 받더라도 심리가 불안하면 치료가 지체 또는 재발할 수 있다.

그러므로 수시로 일어나는 생각을 다스려 빠르게 회복하도록 도와주기 위해 과거에 내 기준이 만든 의식을 소멸하면 고통이 사라지고 마음이 고요하게 된다.

이것이 명상이며, 자유와 행복의 근원으로 돌아가게 하는 정신치료 방법이다.

명상방법은 기도명상, 좌선명상, 일상명상으로 나눌 수 있다.

명상할 때는 일시적으로 고요하게 자유를 얻지만 생활 속에서는 행복하지 못한 이유는, 기도와 좌선명상을 수행할 때에 일어나는 번뇌의 종자를 소멸하지 못하기 때문이다.

그러므로 사찰이나 교회나 신당에서 기도 중에 일어나는 감정을 참회 또는 감사로 생각을 다스리면 수행의 깊이만큼 행복하게 된다.

① 기도명상

불교인은 부처님을, 기독교인은 하나님을, 일반인은 신을 찾으며 기도하다가 불안한 심리가 생길 때 "부처님, 잘못했습니다", "하나님, 잘못했습니다", "신이시여, 잘못했습니다"라고 불편한 감정이 사라질 때까지 참회하고, 기쁘고 들뜨는 감정이 일어나면 "부처님,

감사합니다", "하나님, 감사합니다", "신이시여, 감사합니다"라고
한다.

이때 불편하거나 기쁜 감정이 안정될 때까지 소리를 내어 반복하
고 마음이 고요하게 진정되면 다시 기도를 이어간다.

② 좌선명상

바닥에 편히 앉거나 의자에 앉아서, 코끝이나 배꼽에 의식을 두고
집중하여 고요하게 하던 중 한 생각이 일어나 불안, 걱정, 초조함,
화 등등의 불안한 심리가 생길 때 "부처님, 하나님, 신이시여, 잘못
했습니다"라고 참회하고, 기쁘고 들뜨는 감정이 생기면 "부처님,
하나님, 신이시여, 감사합니다"라고 말하며, 감정이 진정될 때까지
반복한다. 그리고 다시 코끝이나 배꼽에 의식을 두고 집중하는 것
이 좌선명상이다.

③ 일상명상

일상생활 중에 한 생각이 일어나 불안, 걱정, 초조함, 화 등의 불편
한 심리가 생길 때 평소에 친근하던 명호 "부처님, 하나님, 신이시
여, 잘못했습니다"라고 참회하고, 기쁘고 들뜨는 감정이 생기면 "부
처님, 하나님, 신이시여, 감사합니다"라고 말하며, 감정이 진정될
때까지 반복한다. 그리고 하던 일을 계속하는 것이 일상명상이다.

3) 간화선

기도명상, 좌선명상, 일상명상을 통하여 거의 차별이 끊어져 마음의 고요함을 얻은 사람이 화두(무, 이뭣고)를 들고 미세번뇌를 닦으며 이 몸이 사라질 때까지 정진하는 수행이다.
특히 나는 어디에서 왔고, 죽으면 어디로 가는지, 나의 본성本性을 찾고자 하는 사람이 수행한다.

간화선 방법은 좌선화두와 생활화두로 나누어진다.
화두를 들고 집중할 때는 일시적으로 고요하게 자유를 얻지만 생활 속에서는 행복하지 못한 이유는 명상수행에서 거칠게 일어나는 불편한 감정과 기쁜 감정을 다스리지 못했기 때문이다.
이런 사람은 명상에 의지하여 생각을 다스린 이후에 화두를 들어야 한다.

① 좌선화두
고요히 앉아서 화두를 들고 참구하지만 미세하게 불편한 감정이나 몸에 장애가 일어날 때, 내 몸도 허환하고 만물도 허환인데 지금 일어나는 감정이나 몸의 불편함은 어디에서 일어난 것인가 찾아본다. 편안해질 때까지 반복하다가 다시 화두를 들고 참구하며 본성을 찾는다.

② 생활화두

세상 소리와 모습을 통하여 좋고 싫은 미세 감정이나 몸에 장애가 일어날 때, 내 몸도 허환하고 만물도 허환인데 지금 일어나는 감정이나 몸의 불편함은 어디에서 일어난 것인가 찾아본다. 편안해질 때까지 반복하다가 다시 화두를 들고 참구하며 본성을 찾는다.

4) 수행자가 알아야 할 길

도인들이 죽음에 이를 때 왜 미혹하게 가는가?

도道에 들어간 이후 방심하고 미세 번뇌를 정화하지 못하고 중생으로 돌아가기에, 견성하여 신통스런 일이 생기더라도 몸이 허물어질 때까지 "무엇을 이룬 것도 없고, 누구를 이롭게 한 적도 없다"라고 알고 정진하여야 한다.

①도道에 들어갈 때는 거친 번뇌인 오욕락을 끊어야 한다.

좌선명상, 기도명상, 일상명상 가운데 과거 생각들이 만든 습관적 종자를 놓치지 말고 소멸시켜야 한다. 현재 일어나는 번뇌를 한칼로 끊고, 다시 이어지는 생각이 일어나지 않게 하는 것이 족足하고, 과거過去와 미래未來를 생각할 필요가 없다.

모든 것이 허환인즉 지을 때도 환이며, 받을 때도 환이며, 느끼고 알 때도 환이며, 잘못 알고 행하는 미혹함도 환이며, 과거·현재·미래도 모두 환幻이라고 알아야 한다.

②도道에 들어간 이후는 보임하며 미세 번뇌를 닦아야 한다.

이치理致는 문득 깨칠 수 있고 깨달음에 오르면 다툼이 없거니와 깨달은 뒤에도 습관종자는 남아 있으니 행주좌와에 간절히 인연 따라 점차 없애야 한다.

그 나머지 고인古人의 가지가지 차별 언구言句도 모두 진실이라 생각하지 말고, 또한 헛되다고 여기지 말고, 오래오래 순수하게 익으면 자연 묵묵히 스스로 본심에 계합하리라! 따로 수승하고 기특한 것을 구할 필요가 없으리라.

③불법 오조 홍인대사가 혜능에게 말하였다.

"그대는 어디서 왔는가?"

"남방에서 왔습니다."

"남방 사람이 무슨 공부를 하려고 하는가?"

혜능이 말하였습니다.

"불법에 무슨 남북이 있습니까?"

홍인이 아무 말도 하지 않았다.

도道는 모든 사람에게 평등하고 깨친 그릇의 크기에 따라 다르다.

지금 허망하게 한 생각을 일으켜 기준을 세우는 그 존재를 버려라.

그렇지 않으면 도道에 들어갈 수가 없느니라.

④방龐거사 이르되, 다만 모든 있는 바를 공空으로 보고,

간절히 모두 없는 바를 진실로 보지 말지니,

이 양구兩句를 요득了得하면 일생 참선 배우는 일을 마친다.

있는 바는 무엇이며, 없는 바는 무엇인가?

맺는 말

소승은 애초에 '견성해야지, 깨쳐야지' 하는, 무엇을 이루고자 하는 마음으로 출가한 것이 아니다. 대학병원에서도 알 수 없던 아픔을 치료할 수 있을까 하여 절에 갔다가 병이 낫는 기적 같은 일을 경험한 후, 건강하게 살아가기 위해 출가하게 되었다.

불법은 미혹한 사람을 인도하기 위해 방편으로 있는 것이건만, 나는 교리의 기본도 제대로 갖추지 않고 '그냥 하면 잘될 것'이라는 맹목적인 생각과 의지로 서울 대치동에 포교원을 개원했고 결국은 다른 장소로 이주하게 되었다.

그리고 불보살님의 존상을 자동차로 옮겨 가려고 했지만 차의 문보다 존상의 크기가 커서 안으로 모셔지지 않았다. 차 덮개 위에 존상을 모셔놓고 지금까지 했던 생각과 행동에 부끄러움이 일어났고, 땅바닥에 꿇어앉아 하염없는 눈물을 흘리며 참회를 하였다. 지나간 시간을 알 수 없지만 마음의 편안함이 느껴졌다.

그리고 자리에서 일어나 다시 부처님을 차 안으로 모셨는데, 이럴 수가! 문이 넓어진 것도 아닌데 안으로 들어가는 것이었다.

그때는 왜 이런 현상이 일어났는지 몰랐지만 나중에 『반야심경』을 통하여 알게 되었다. "부증불감不增不減, 곧 증가함도 없고 감소됨도 없다"라는 말은, 생각으로 본다면 부피가 있기에 차별되게 '크다, 작다'라고 보아야 하지만, 색불이공色不異空 경지에 들어가면 모든 것이 빈 허공과 같아지기에, 형상이 작은 것도 큰 것도 없는 무심에서는 마음먹은 대로 다 이루어진다는 것을 알았다.

그러나 항상 색불이공色不異空이 되어 생각이 끊어진 무심의 경지가 된다면 마음먹은 대로 이루어지겠지만, 과거 생각의 습관이 만든 종자의 힘이 강하여 현실에 보고 듣는 대로 집착과 애착을 하기에 투쟁하고 괴로워하게 된다.

일시적으로 생각이 끊어지면서 부증불감이 작용하여 신통이 일어난 것에 대하여 모든 것을 이루었다 자만심을 낸다면 바로 미혹한 세계인 오욕락에 떨어진다.

그러므로 한때 선禪을 휘날리던 스승이 노후에 기력이 떨어져 정신이 희미할 때 평범한 일반인과 비슷하든가 오히려 더 못한 모습으로 생을 마감하게 되는 것은, 도道를 이루고 초발심으로 계속 정진하지 않았기에 미혹세계에 떨어진 것이다.

소승이 비록 처음에는 살기 위해 출가했지만, 수행이 거듭되어 가던 중에 눈 밝은 스승을 찾아다니며 법法을 구하다가, 세간의 지식인과 도道를 이루겠다는 사람들에게 존경을 받으며 불법을 전하는 스승을 만나게 되었다.

지금까지 전국을 돌아다니면서 스승을 찾았으나 인연이 닿지 않았는데 이제야 내가 저 스승처럼 되어야겠다고 결심하고 목표점을 두게 되었다. 그러나 2년이 흘러가던 중에 존경받던 스승이 오욕락에 떨어져 방황하는 사건이 생겨 따르던 모든 분들이 실망과 아쉬움으로 다른 스승을 찾아 떠나게 되었다.

여기에서 '도道를 이루고 나서 다시 오욕락에 떨어지는 이유와 스승을 어디에서 찾을 것인가'라고 의문을 갖고 고민에 빠지게 되었다.

그 후 3~4개월 동안 법당에서 고뇌하던 어느 날 한 권의 책이 눈에 들어왔는데, 대혜종고 선사가 지은 『서장』이었다. 한문으로 된 원문을 이해하려고 어느 수행자가 풀이한 글을 의지하면서 익혀 가던 중에 두 가지 고뇌가 풀리게 되었다.

하나는 도道를 이루고 나서 다시 오욕락에 떨어지는 이유를 알게 된 것이고, 또 다른 하나는 방황하는 생각을 잡아주는 방법을 찾은 것이다.

나는 떨어진 옷을 입고 가시덤불을 걸어가면서 걸리고 막혀 나아갈 수 없는 것을 가시 때문이라고 여겼다. 그러나 『서장』의 진리 말씀을 의지하여 '내 생각 때문에 남과 투쟁하고 일이 막히고 걸린다'는 것을 알게 되었다.

누구나 배우고 익히면 여기까지 이르게 되고, 평소보다 감정도 고요하고 기쁨도 생기니 '이것이 도道로구나' 여기면서 행위나 음식들을 자재하지 않고 자유로운 감정으로 살아간다.

점점 시간이 지나면서 배우고 무엇을 이루었다는 생각이 장애가 되어 미혹에 빠지게 되므로, 이 몸이 인연으로 갈 때 지금까지 배우고 익히고 증득한 경험들이 오히려 도道를 배우지 않은 사람보다 못한 상황으로 전개된다.

그러므로 부처님께서는 지금까지 금강경을 설법하여 한 중생도 제도한 적이 없다 하셨고, 도道에 들어간 것은 이제 공부의 시작이므로 처음 발심한 마음으로, 겸손과 자비로 몸이 인연이 다할 때까지 정진할 것을 당부하셨다.

여기까지 이르렀지만 아무런 반응이나 감정에 변화가 일어나지 않았다면 아직 자기 기준을 세우고 있다는 반증이라 볼 수 있다.

다시 반복하여 읽어 보면 '아!' 하는 시기가 올 것이다.

2018년 초봄에 혜원 씀

발원문

저는 원래 성인이므로 그와 같이 되기를 발원하옵고
밖의 모습과 소리는 스승의 가르침으로 보게 하옵고
만사에 밝은 생각이 일어나도록 선신이여 인도하옵고
지금 괴로움과 고통은 생각이 만든 허물로 알게 하옵고
저와 인연 있는 모든 분들이 행복하기를 발원하옵니다.
저의 간절한 발원은 (밑에 적는다)

_____

_____

_____

_____

_____

말과 행동을 일치하여 세상을 밝히는 빛이 되겠습니다.
불보살님 감사합니다.

○ ○ ○ 올림

혜원

중앙승가대학교 불교학과를 졸업하였다. 불교방송(일상생활 간화선)에 출연하였으며, 성남시청 불자회 지도법사로 활동하였다. 현재 전주 보문사(무아선원)에서 대중들을 지도하고 있으며, 전주대학교 대학원에서 대체의학 심신치유 과정을 마쳤다. 지은 책으로 『행복 찾는 시간』, 『생각 다스리는 수행론』, 『금강삼매경』(수행이야기) 등이 있다.

또한 이타회利他會를 통해 대중과 소통하고 있는데, 이타회는 자신과 타인의 정신과 육체를 이롭게 하는 모임이다. 이를 위해 반야바라밀을 의지하여 육바라밀을 실천하고 상구보리와 자비나눔을 행한다.

①보시(물질과 몸의 집착을 버리는 수행), ②지계(오계, 십계를 세우고 지키는 수행), ③인욕(만사를 내 안의 모습으로 보는 수행), ④정진(행주좌와에 참회와 감사하는 수행), ⑤선정(기도, 좌선, 일상에서 삼매에 드는 수행), ⑥지혜(만사를 그대로 보는 힘을 키우는 수행)

정기모임: 간화선명상센터 / 매주 토요일 오후 1시
email : jhk3790@hanmail.net / H.P : 010-4337-6560

도에 들기는 쉽지만 버리지 않으면 미혹에 빠진다

초판 1쇄 인쇄 2018년 4월 16일 | 초판 1쇄 발행 2018년 4월 23일
혜원 편저 | 송월 그림 | 펴낸이 김시열
펴낸곳 도서출판 운주사

(02832) 서울시 성북구 동소문로 67-1 성심빌딩 3층
전화 (02) 926-8361 | 팩스 0505-115-8361
ISBN 978-89-5746-513-4 03220   값 15,000원
http://cafe.daum.net/unjubooks 〈다음카페: 도서출판 운주사〉